屐痕处处郁达夫

李杭春◎著

钱江新潮文丛

中国社会科学出版社

图书在版编目(CIP)数据

屐痕处处郁达夫/李杭春著．—北京：中国社会科学出版社，2018.6

(钱江新潮文丛)

ISBN 978－7－5203－2162－4

Ⅰ.①屐…　Ⅱ.①李…　Ⅲ.①郁达夫(1896－1945)—人物研究　Ⅳ.①K825.6

中国版本图书馆 CIP 数据核字(2018)第 043127 号

出 版 人　赵剑英
责任编辑　郭晓鸿
特约编辑　席建海
责任校对　杨　林
责任印制　戴　宽

出　　版　中国社会科学出版社
社　　址　北京鼓楼西大街甲 158 号
邮　　编　100720
网　　址　http://www.csspw.cn
发 行 部　010－84083685
门 市 部　010－84029450
经　　销　新华书店及其他书店

印　　刷　北京明恒达印务有限公司
装　　订　廊坊市广阳区广增装订厂
版　　次　2018 年 6 月第 1 版
印　　次　2018 年 6 月第 1 次印刷

开　　本　710×1000　1/16
印　　张　12.5
插　　页　2
字　　数　201 千字
定　　价　58.00 元

丛书总序

浙江大学是一所人文璀璨、名师荟萃的全国重点大学，其前身是1897年创办的求是书院。百年浙大，一路风雨，一路辉煌。在这块深厚的土地上，它不仅哺育了马叙伦、马一浮、沈尹默、苏步青、王淦昌、贝时璋、张其昀、谈家桢、卢鹤绂等众多的文化名人和科学大师，而且在长期的办学中形成了堪称典范的求是精神。尤其是在竺可桢主政期间，于极其艰难的西迁办学中更是把这种“求是”精神发挥到极致，使浙大声名远播，成为“当时中国最好的四所大学之一”。

浙大中文系办学历史悠久。往远说，可追溯到林启主持的求是书院。办学伊始，书院即开设国文课程，先后延请宋恕、陈去病、马叙伦、沈尹默、张相等著名学者授业讲学——以此算起，中文系已历春秋百有十载；往近说，则源于1920年的之江大学国文系和1928年的国立浙江大学国文系——就此而言，中文系悠然已有九十余年历史。它前后历经西迁时期、龙泉分校时期，后又融合之江大学国文系、浙江大学国文系两大主脉。1952年全国高校院系调整，中文系被划归由浙大“母体”孵化出来的新的分支——新成立的浙江师范学院。嗣后1958年，浙江师范学院与新组建的杭州大学合并，称杭州大学；从这时开始，浙大中文系便进入了“杭大中文系”时代，迎来了一个新的发展阶段。“杭大中文系”的系名，一叫便是整整四十年，并已在社会和学界赢得了良好的声誉。直到1998年，原浙江大学、杭州大学、浙江医科大学、浙江农业大学四校合并成立新的浙江大学，中文系在经历了一番分分合合之后又返回到了它的母体怀抱。现在的浙大中文系是以原杭大中文系为主体的，自然，它也整合了其他相关的师资力量。

浙大中文系自建系以来，人才辈出，具有深厚的学术积累。祝文白、缪钺、刘大白、丰子恺、许钦文、夏承焘、姜亮夫、钱南场、胡士莹、徐声越、陆维钊、任铭善、王季思、郑奠、王驾吾、孙席珍、王西彦、蒋礼鸿、徐朔方等一大批在国内外学界享有盛誉的杏坛名师、学术名流都曾于此任教。他们实践的“传承创造”的学术精神和追求的“卓然独立”的学术境界，为中文系的发展，包括有特色、有影响的学科的创建，也包括有特色、有发展后劲的梯队的形成，奠定了坚实的基础。百年沧桑，艰难困苦，玉汝于成。“近代科学的目标是什么？就是探求真理。科学方法可以随时随地而改变，这科学的目标，祈求真理，也就是科学的精神，是永远不会改变的。”回顾往昔，我们更加真切地体会到了竺可桢老校长在20世纪40年代所讲的这句话的深刻含意，也越发怀念为中文系发展做出贡献的诸多前辈和老师，并油然萌生了在前人基础上进一步拓宽和发展中文系的一种强烈的责任感、使命感。

我们高兴地看到，经过几代人不懈的努力，浙大中文系已发展成一个实力雄厚、在国内很具声誉和影响的系科。特别是自1995年被批准为国家基础科学研究与人才培养基地以来，更是在各个方面都有长足的发展，在全国同类专业的高校排名中一直居于前列。中文系也由原先单一的汉语言文学专业，发展成为涵盖汉语言文学、中国古典文献学、编辑出版学三个本科专业和一个影视与动漫编导方向的立体多元、结构合理的“大中文”专业。目前，中文系已有中国语言文学一级学科博士点以及中国语言文学学科博士后流动站，汉语言文字学、语言学及应用语言学、文艺学、中国古代文学、中国古典文献学、中国现当代文学、比较文学与世界文学7个二级学科具有博士学位授予权。中国古典文献学为国家重点学科，中国古代文学、中国古典文献学、汉语言文字学、文艺学4个学科为浙江省省级重点学科。汉语史研究中心成为教育部人文社会科学重点研究基地。现有在编教师50人，其中教授26人（博士生导师25人），副教授14人。他们不仅在各个学科发挥重要的带头和骨干作用，而且在国内学界也具有举足轻重的地位和影响。正是在这批以四五十岁的青年学者为主体的学术核心的努力和引领下，由夏承焘、姜亮夫等前辈学者所开创的，吴熊和、王元骧等名师宿儒所光大的中文系学脉，方能做到承传有自、薪火绵延。

这次我们编辑出版的这套《钱江新潮文丛》，所收的是工作在教学和科研第一线的在职教师的系列学术论著。他们中有 30 多岁的学术新锐，也有五六十岁的年长或较年长的一代学者。涉及的范围，包括汉语言文字学、语言学及应用语言学、文艺学、中国古代文学、中国古典文献学、中国现当代文学、比较文学与世界文学以及影视文学等不同学科。在这里，学科与学科之间，个体与个体之间，彼此是有差异的，思维理念也不尽一致，但有一点似乎是共同的，那就是都在努力追求和体现中文系传统的“求是博雅”学风。章学诚评价古代两浙学风时曾谓：“浙西尚博雅，浙东贵专家。”浙大中文系以“求是博雅”为系训，正是因为非求是则无以成专家，非博雅则无以成通儒。所谓“求是”，就是求真、求实；所谓“博雅”，就是求善、求美。这反映了我们力图贯通浙东西、融合古与今的学术视野与意识，以及从传统的学脉中创造新的浙江学派的愿望，也是我们的世界观、人生观、学术观的一个投影和富有理性的特殊呈现。尽管面对浙大中文系的百年历史和悠久传统，本丛书中的这些成果尚远不能说是“雏凤清于老凤声”，在这方面，我们深知与前辈相比还有一定的差距。但中文系数十位教师用心血和智慧浇灌出来的这些学术之果，毕竟从各个不同的角度对“求是博雅”作了新的诠释，这是很可欣喜的。可看作对中文系近十年学术研究的一次检验，一次富有意味的“集体亮相”。

这些年，由于种种原因，学术浮躁和浮夸之风盛行，违反学术道德和学术规范的不端行为也屡有发生。在这样的情况下，中文系老师“守正创新”，一方面继承了百年来的优良学术传统，不盲从、不浮躁，以“板凳坐得十年冷，文章不写半句空”的严谨求实学风，孜孜不倦地潜心从事学术研究，坚守着学术正道；另一方面不囿于陈说，锐意创新，力求在前人基础上有新的发现，为学术研究做出自己创造性的贡献，这十分难能可贵。而这一点，在这套丛书中也都表现得十分明显。

不尚空谈，不发虚词，以追求真理为目标，以崇尚事实为基础，强调学术研究的“实事求是”与“实事求是”的学术研究。我想，这就是浙大中文系生生不息的学术传统，它贯穿百年而又存活于当下，已内化为我们的一种精神生命，一种支撑当下中文系存在和发展、坚守学术家园的“阿基米德点”。我们出版这套丛书，目的就是弘扬浙大中文系这一学术传统，继往开来，进一步加强中国语言文学学科的建设，为提升和扩大其学术水平及影响尽一份绵薄之力。

本丛书的出版得到了中文系1984届校友、浙江通策集团董事局主席吕建明先生的鼎力相助。2007年5月，在浙江大学110周年校庆期间，他慷慨捐资百万元支持中文学科建设。他的善举和情意令人感佩，也催发了我们策划并编纂此书的积极性。缘于此，我不仅对本丛书所反映的教师学术才华和追求感到欣慰，同时更对百年浙大中文学科未来的发展前景抱持一份坚定的信心。

钱潮天下奇观，故孙中山先生有“猛进如潮”之赞，学术创新，贵如潮水之猛进荡决；钱潮及期而信，故吴越王钱镠有“日夜波涛不暂息”之感，学脉传承，当如潮水之永不止息。“求是博雅”，就意味着学者既要有弄潮儿那般“溯迎而上，出没于鲸波万仞中”的锐气，也要有“晚来波静，海门飞上明月”的心境。本丛书以“钱江新潮”为名，其微意实在于此。

吴秀明

2009年4月15日于浙江大学

郁达夫与鲁迅同为浙江现代文学名家，就文学影响来讲，郁达夫恐怕是仅次于鲁迅的一位现代小说作家。而且，因为小说、散文（日记、书信、随笔、杂文）、诗、文艺评论等全体裁的创作实践，“烈士”作家的特殊身份和非同一般的传奇经历，郁达夫研究无疑是现代文学研究领域的一门显学。本书作者李杭春离开教学科研岗位七年，仍不断有各地学生慕名来电来邮，希望能成为她的研究生，步入郁达夫研究的大门，可见研究之热。

据我所知，杭春的郁达夫研究始于20年前，那段时间她醉心于叙事批评，对现代小说、影视甚至新闻叙事都尝试进行叙事学分析。以“他—叙事”逻辑考量郁达夫“私小说”特色，在今天看来都不失为郁达夫研究的一个有效维度。

2006年，在“浙江文献集成”和“郁达夫诞辰110周年”两个事缘的综合作用下，浙江大学中国现当代文学与文化研究所启动了《郁达夫全集》编纂项目，杭春参与其中，并且很快全力以赴，在一年半时间内完成浙大版《全集》编纂的同时，还整理了两份颇费功夫的郁达夫研究资料：《郁达夫研究资料索引（1915—2005）》和《中外郁达夫研究文选》，一些基于《全集》篇目审定、文字校勘和史实考辨的文字则在其后几年里陆续面世，其中一部分已被收入这本郁达夫研究专题论文集。当然，遗憾的是，学校却等不及这些成果。这项被2010年业绩考核为“零”的全集编纂和史料整理工作对她的影响至为重大，一方面让她在学校人事改革所谓“岗位分流”时竟被果断“分流”；另一方面，意想不到的是，也奠定和促成了她日后史料耙梳与学术直觉高度结合的学术个性。本集中多篇论文即呈现这样的端倪。真可谓“失之东隅，收之桑榆”。

2011 年年初，她离开教学科研岗位，在琐碎繁杂的行政工作之余，查资料、作论文几乎占据了她全部的业余时间，每天工作大概是常人的两到三倍吧。据她自己后来回想，有一年，她不上班不看书不写字，全天给自己放假的时间只有 3 天！这样拼命苦干的结果，是她不单拿出了《竺可桢国立浙江大学年谱（1936－1949）》这样条清缕正的学术专著和《重走西迁路——我的求是精神之旅》这样嫣然可掬的诗性散文，有一段时间还顶着学术界贸然形成的“郁达夫研究专家”的头衔赴各地演讲，让她尤其钟爱的课堂教学持续了两三年，并且整理成为这部集子里的一部分内容。我知道，一个热爱教学并且深受学生欢迎的教师，一旦失去讲台，那会是一种什么滋味。当年因为在各地作演讲，而郁氏本人也是“屐痕处处”，所以，应了常说的那句话，“哪座山头唱哪支歌”，杭春的演讲“巧遇”的是各地奔波的郁达夫。这些与不同人文地理相结合的研究归在一起，就自然形成了一幅别具生面的“郁达夫学术地图”。可惜实在是分身乏术，现在的地图“画”得远不够完整。希望她还有时间和能力继续“画”下去，以切实推动浙籍现代作家的研究，推进浙江文化大省的建设，体现浙江大学源远流长的学术传统。

令我颇感欣慰的是，今年杭春申请立项了一个省文化工程重点项目“郁达夫年谱”。这是她郁达夫研究计划当中的一部，当然她自称这个计划原本要等退休后才能实现，现在能够获得各地专家举荐，提前开展和完成，自然是一桩好事；而且，能够获得项目和经费支持，不至于像之前那样赤手空拳做研究，我也很替她高兴。希望她能一如既往，在任何环境下，任何工作和研究领域，都能“不忘初心，牢记使命”，坚持独立思考和人文关怀，不放弃自己沉醉和迷恋的学术事业。这一点，我是心存默契并且抱有信心的。

是为序。

陈　坚

2018 年 1 月 18 日

于杭州启真铭苑

目　录

第一章

"屐痕处处"：地域文化视野中的郁达夫

一 郁达夫与北京

今天讲的题目是《郁达夫与北京》，这是一个比较应景的题目。一大清早赶来听讲的朋友，或许已经注意到了这个话题中的两个关键词：郁达夫、北京。在座可能有的是对郁达夫感兴趣，也有可能对北京，尤其这个符号所代表的文化或者历史感兴趣。我觉得这是最宜在北京演讲的郁达夫题材。当然，类似的演讲，如果放在上海，可能是《郁达夫与上海》；放在杭州，就是《郁达夫与杭州》。因为我们都知道，郁达夫一生都在漂泊，他是一位屐痕处处、四海为家的游子，一位任何意义上的行吟诗人，足迹遍布东中国和东南亚。除了北京、上海和杭州，他还在广州、福州、安庆、武昌停留过半年以上，至于东京、中国香港、新加坡和更遥远的印度尼西亚，更是他此生逃脱不开的宿命。今天在这里想以《郁达夫与北京》为题作一点不成熟的思考，还望向各位北京的朋友请教，请大家批评。

这个标题所蕴含的考察角度，或者说立论的基础，应该是北京和江南两地的文化差异，这是我们释读诗人独特气质的一个解码器。郁达夫生在富阳，长在江南，出生地文化带给他的，除了清瘦的身量、苍白的容颜，还有与生俱来的细腻、敏锐和多愁善感。他爱读书，爱作诗，爱江山，爱美人，具备一位江南才子的全部气质；而北京，身为皇城数百年，又居燕赵慷慨之地，那种雍容华贵和沉静辽阔的气象，是郁达夫的成长环境所不具备的。所以，当一位江南诗人在人生的不同阶段抵达北京，当出生地文化遇上截然有异的寓居地文化，这位诗人的生命曲线、文学曲线会发生怎样的波动？

本次讲座准备从三个层面展开：郁达夫在北京，郁达夫写北京，郁达夫和北京。这不是文字游戏，三个部分各有可以回顾和联想的内容。

（一）郁达夫在北京

郁达夫与北京有比较完整的交集，并且在他的创作里留下了让人印象深刻的作品的，主要是三个阶段。

第一个阶段，1919 年 9 月下旬到 11 月上旬。1919 年夏天，郁达夫从八高毕业并考入东京帝大，9 月 4 日，应长兄郁华之召，郁达夫回国，自杭州富阳辗转至北京参加外交官、高等文官考试，这年 11 月离返日本。

1919 年的外交官考试安排在 9 月 26 日，我们读郁达夫的诗，发现他 9 月 22 日还在“夕阳影里过徐州”，到得匆忙，所以错过了志在必得的外交官考试；而高等文官考试第一试（甄录试）10 月 14 日开始，第二试（正试）安排在 10 月 19 日。郁达夫 10 月 19 日有诗《晨进东华门口占》，说的是这天天未晓时走进紫禁城东华门内正试试场时的情景和心情，这说明他通过了 14 日的海选，但这一天的正试却未能通过。所以，心情郁闷和愤懑是可想而知的。有他当时题的诗为证，如《己未秋，应外交官试被斥，仓促东行，返国不知当在何日》。

外交官、文官考试制度是作为中国传统科举制的替代物出现的。1905 年，科考制度宣告终结，为顺应时代潮流，选拔国家栋梁，北洋政府设立了自己的外交官、文官考试制度。现有资料表明，1913 年 1 月 9 日北洋政府公布了《文官考试法》，1918 年又修订出台《高等文官考试法》，但考试科目大多是法学内容，未经专门准备的郁达夫名落孙山，自然不足为奇。

这两个月的经历和感受，郁达夫在他的一些文字中有所还原。

> 庸人之碌碌者反登台省；品学兼优者被黜而亡！世事如斯，余亦安能得志乎！余闻此次之失败因试前无人为之关说之故。夫考试而必欲人之关说，是无人关说之应试者无可为力矣！取士之谓何？
>
> ——1919.9.26 日记
>
> ……夜月明，与养吾、曼陀踏月论诗，出阜成门，沿河缓步……
>
> ——1919.10.5 日记
>
> 第二年秋天，我又回到北京长兄家里去住了三个月。……这一年九月里，我因为在荒废的圆明园里看了一宵月亮，露宿了一晚，便冒了寒，害了一场大病。
>
> ——《血泪》(1922.8 作)

这个时候，刚刚过去的五四学潮拉开了新文化运动和新文学革命的序幕，青年人反帝爱国的热情被点燃，质疑旧传统、创造新规范的言行被追捧，郁达夫也不例外。日记中他感慨：

> 山东半岛又为日人窃去，故国日削，予复何颜再生于斯世！今日与日人约：二十年后必须还我河山，否则予将哭诉秦庭求报复也！
>
> ——1919.5.5 日记

综合来看，这两个月，诗人主要经历了两件事，一是参加两项考试均告不第；二是初游北京，一个人彻夜凭吊圆明园遗址。这两场经历唤醒了郁达夫由来已久的情感体验：义愤和反抗。

这一年，郁达夫不满 23 岁。

第二个阶段，是断断续续的，但相对时间较长，从 1923 年开春到 1926 年仲秋。据郁达夫小说《十一月初三》的记录，这一次的北上，是“在上海想以文艺立身的计划失败之后，不得已承受了几位同学的好意，勉强的逃到北京来”。自 1922 年 7 月从东京帝大毕业，郁达夫先在上海主持《创造》季刊，9 月赴安庆法政专门学校任教，1923 年 2 月初学期末辞职，孑然一身来北京长兄郁华处小住，其间结识了鲁迅和周作人等在京名流。为周作人以他的号召力“振臂一呼”，替自己摆平了关于《沉沦》的许多非议，郁达夫一直心存感念，抵京不久（2 月 11 日）即主动联络周作人。2 月 17 日（大年初二），周作人设家宴请北大友人和浙江老乡，特别邀请了郁达夫，鲁迅作陪。这个时候周氏兄弟尚兄弟怡怡，关系很好，郁达夫由此结识鲁迅。查《鲁迅全集·日记（1912—1926）》卷，1923—1926 年在京期间，郁达夫与鲁迅往来 19 次。这在鲁迅的“门客”中交往次数绝不算多，与日后在上海双方的频繁交往也不能比，但彼此都留下了好印象，并开始长久和深厚的友谊。1927 年，因为《在方向转换的途中》，鲁迅发现郁达夫居然被看成“危险人物”，连连称“奇”，并说：“达夫先生我见过好几面，谈过好几回，只觉得他稳健和平，不至于得罪人，更何况得罪于国。”（《鲁迅全集·三闲集·怎么写（夜记之一）》）。可见两者堪称知音。

3 月初，因为老祖母离世，郁达夫返富阳；10 月 10 日，郁达夫应北京大学之聘，接替陈豹隐的统计学课，再抵北京，仍借住兄长郁曼陀家，给侄女郁风留下了很深的印象；第二年春天郁达夫将妻儿接到北京，后来搬到什刹海，有了一个温馨的小家。其间虽亦赴武昌、上海、广州谋生，行迹仍漂泊无定，但总算有了能与子女家人共享天伦的两个暑假；直至 1926 年端午期间遭遇长子的早夭，仓皇间自广州北上，10 月离京南返。

这一段时间，五四新文学的重镇非北京莫属。就郁达夫而言，一方面，在与包括周氏兄弟在内的新文学阵营紧密接触的过程中，郁达夫在新文坛声名鹊起；另一方面，1922 年，郁达夫已从东京帝大毕业，没有了官费的接济，找不着稳定的工作，又有家室需要自己独立支撑，郁达夫开始感受“生的苦闷”。这三年里的东奔西走，基本都是为生计打拼。所以，可以说这一段经历，让郁达夫体验到了生活的艰辛和世事的乱离困厄；而与这个阶段的经历感受密切相关的创作，我们看到的是《薄奠》和《一个人在途上》。

第三个阶段，1934 年 8 月 14 日到 9 月 5 日，凡二十天。郁达夫自称是“不远千里”从杭州经青岛去北平，8 月 14 日，“晨八时余，抵正阳门车站，十年不见之北京故城，又在目前了，感慨无量”（《避暑地日记》）。这 20 天纯粹是避暑加外交。因这一年杭州高温，据郁达夫《故都日记》记载，9 月初杭州气温还在华氏 100 度，差不多摄氏 37 度以上；而北平只 80 多度，相当于不到摄氏 30 度。所以，在北平赏秋，游景，买书，写作，访故，会友，郁达夫的这一次故地重游还是比较舒心的，而且，翻看《故都日记》，这 20 天里他专程拜访和会见的旧友，被称名道姓的就有近 70 人次。这个时候，诗人年近不惑，早已功成名就，又与王映霞结缡多年，生活状态有了很大的变化。这一次重游，应该是诗人尽兴而畅快的一次，其对老北京城沉着大气的充分体会和美好记忆，被记录在《故都的秋》和《北京的四季》等作品里。

（二）郁达夫写北京

我们选择郁达夫与北京寓居相关的三个作品，看看郁达夫笔下与北京相关的人和事。

1.《圆明园的一夜》

《圆明园的一夜》是郁达夫记在 1920 年 6 月 2 日、3 日的日记里的一篇日文小说试作，今为残稿，2007 年浙江大学版《郁达夫全集》将其收入《小说》卷。这篇小说的构想显然与郁达夫的一个文学计划有关：他原计划与四位八高的日本同学合作创办一本日文文学杂志《寂光》。“寂光”在汉语里并不是一个固定的和常见的搭配，但在郁达夫的创作中我们却不止一次看到过它的行踪。比如鲁迅去世不久，郁达夫写下悼文《怀鲁迅》，其中即有“在鲁迅的死的彼岸，还照耀着一道更伟大，更猛烈的寂光”的表述。在日文中，“寂光”有“寂静的光”“智慧的光”的意思；这篇小说后来又被预告将刊发于《创造》创刊号，题名《圆明园的秋夜》，后来为《茫茫夜》所取代；另外，我们在于听《郁达夫简传》、郁云《我的父亲郁达夫》、稻叶昭二《郁达夫——他的青春和诗》里，也都能搜索到它的存在。

小说开头有这样一段文字，交代了这部小说的整体构思。

> 我想写的东西大致有二。一是《秋夜之事》，欲先从K的性格描写入手，接着是圆明园凄凉的景象，最后加入神秘吹箫人的传说；二是写在东京的我国留学生所遭受的虐待、留学生的复仇心、意志薄弱的主人公的愚蠢行为和愤怒之后由绝望而自嘲以及在辗转漂泊中的某个夜晚，面对某一女仆自嘲后嚎啕大哭等等。

很显然，构思中的兄长的友人“K”的故事应该与郁达夫的首次北京之行，尤其是圆明园之行密切相关。

郁达夫第一次面对圆明园，应该就在抵京不久的1919年秋天。因为三年以后，我们在一篇叫《血泪》的小说里看到了这个记录：“这一年九月里，我因为在荒废的圆明园里看了一宵月亮，露宿了一晚，便冒了寒，害了一场大病……”以郁达夫小说此期的“自叙传”笔法，这番描写基本可以采信，如果我们把《圆明园的一夜》《血泪》和此间的日记捉在一起读的话。这番描写亦足见圆明园对诗人的震撼之深。

那么，为什么是圆明园？郁达夫在其《自传之五——远一程，再远一程》中，有一段值得重视的文字。

> 从嘉兴回来，路过杭州，在梅花碑的旧书铺里，我竟买来了一大堆书。这一大堆书里，对我的影响最大，使我那一年的暑假期，过得非常快活的，有三部书。……一部是无名氏编的《庚子拳匪始末记》，这一部书，从戊戌政变说起，说到六君子的被害，李莲英的受宠，联军入北京，圆明园的纵火等地方，使我满肚子激起了义愤。……

从嘉兴回杭，是1911年6月。郁达夫考取杭州府中后曾因膳费之故曲就嘉兴府中，6月因病辍学回富阳。这一年的暑假，孙中山的辛亥革命尚未发动，满清政府的统治正满目疮痍，摇摇欲坠。1860年10月，圆明园第一次遭英法联军蹂躏，几被烧成废墟；1900年再遭八国联军纵火，更被抢尽财宝，落得一片荒芜。面对圆明园的浩劫和泱泱古国的大耻，任何一个有良知的中国人，都会有“义愤”和“反抗”在心间；甚至可以说，20 世纪初的中国公民在意识深处或多或少都拥有一个以雪耻和复仇为基本旨归的“圆明园情结”，当不至不被认同。手捧《庚子拳匪始末记》的郁达夫年仅 15 岁，正是一名血性少年，从那部书中了解到圆明园之难的细节，“满肚子激起了义愤”，因此，平生第一次到北京的 1919 年 9 月，郁达夫即专程赶去圆明园凭吊，环看那片让他心痛的“凄凉的景象”，看月亮，露宿，整一个通宵。我们可以想象那个晚上凭吊者心绪的不平静；也可以想见这一整个晚上的凭吊，缘自郁达夫年少时候“圆明园情结”的召唤。

所以，诗人第一次的北京之行，催生了郁达夫早期小说残稿《圆明园的一夜》，也奠定了郁氏创作在文学关怀和审美品格上的“圆明园情结”，即以诗人胸中难以排遣的感时忧国、忧世伤生为情感症候，以悲凉颓废、残缺破败为审美症候的“圆明园情结”。这条“情结”线索，几乎贯穿了郁达夫全部的文学写作。那种“受虐”“复仇”“绝望”和“反抗”的故事情节和人物的自卑敏感，我们在此后的《银灰色的死》《沉沦》《南迁》《空虚》《茫茫夜》等诸多作品中尽可以发现。尤其那种始终流淌的凄凉荒废的病态之美，和忧世伤生的文学关怀，更是郁达夫创作中最真率动人的地方。

2.《薄奠》

这部小说被认为是郁达夫中期小说的一个代表作。这是一部以人力车夫为题材的短篇小说。人力车夫是城市平民的代表，也是知识分子比较容易接触到的“城市劳工”概念人群。五四时期非常响亮的一个口号就是“劳工神圣”，这个口号最早由北大校长蔡元培在 1918 年的一次演讲中提出，引起广泛共鸣，许多文学知识分子借此表达对劳动者群体的同情和尊重，以及些许同是天涯沦落人的感慨，像郁达夫早些时候的《春风沉醉的晚上》。但毕竟工厂、车间并不是知识分子熟知的空间环境，郁达夫写劳动女工，也只让我们看到劳作之余的陈二妹。人力车夫就不一样了，知识分子常常可以跟他们零距离接触。所以，鲁迅、胡适、刘半农、沈尹默、徐志摩、老舍等都曾作过关于人力车夫的诗和文，以至在 20 世纪二三十年代，人力车夫题材蔚为一个不容小觑的略带符号意味的文学奇观。

《薄奠》写于1924年8月，正是郁达夫第二段北京寓居期间。那些年，郁达夫安家北京；而为了生活，却颠沛流离，四处奔走，尝尽谋生的艰辛和苦难。在这个过程中，郁达夫接触到了越来越多的平民阶层、劳工阶层和底层知识分子。这部小说，正是通过知识分子与人力车夫的短暂交往，向底层民众实行自己“浅薄的社会主义”，体现那个年代读书人“劳工神圣”的理念。所以，这部小说在细节如实之外，也有了更多的现实主义气质：对生活险恶的关切，对底层民众的同情，与早年郁氏小说那种自怨自艾自嘲自恋截然不同，体现出郁达夫创作质的转型——从关注“性的苦闷”，到关注“生的苦闷”；从浪漫抒情，到纪实写真；从青春冲动，到中年哀伤。

这个阶段郁达夫的一些名作，比如《十一月初三》，记录自己在京而妻儿离散、孤苦落寞的生活窘境；比如《给一位文学青年的公开状》，记录文学青年沈从文在北京寻梦不得、生计无着的艰难处境；比如《一个人在途上》，尤其龙儿夭亡后写下的这篇散文，让我们看到了一个破碎的家庭的苦难和辛酸，和一位年近三十不能而立的中年父亲的歉疚和哀伤。总体上看，这个阶段的创作，郁达夫的整体转型是存在的，风格也是相对统一的：关注“生的苦闷”，注重纪实写真，体现中年哀伤，都与这一阶段的北京经历密切相关。

3.《故都的秋》和《北平的四季》

1934年8月14日，郁达夫第三次踏上了这块“旧日皇都”的土地。三天以后，“8月17日，晨起，为王余杞写了二千字，题名《故都的秋》”。后来，这个名篇，发表在王余杞主编的《当代文学》第三期上。这一段故地重游，除了《故都的秋》，1936年5月27日，郁达夫还写了《北平的四季》。我们把两篇散文放在一起，很能发现一些让人寻味的东西。

这时“北京”已改称“北平”。在我们脚下这座城市的历史上，“北平”是一个特殊的存在，它不仅标志着一个空间，而且意味着一段时间：国民政府定都南京以后的二十余年时间。从政治地理上讲，北平是被边缘化了的北京。20世纪20年代末、30年代初，文学中心、文化中心随政治中心一起去了南方，留守北平的文学知识分子被我们称为“京派”，那是一个带隐逸气息的文学群体，他们的写作，都有远离尘嚣、远离政治的意味。北平皇城不再，而旧都气息仍存的独特风韵，影响到了这些坚守北平的文人；而写北平的文字，都有或多或少的一丝落寞，一点惆怅，一些怀想——在我看来，“北平”，比“北京”，更令人怀旧，更引人遥想，也更让人感受坚守的悲壮。因为“北平”是落寞的现在，而“北京”是辉煌的过去。站在北平想北京，或者身居北平怀故都，才会有郁达夫那种近乎直白的感受：“总归都还比不上北京——我住在那里的时候，当然还是北京——的典丽堂皇，幽闲清妙。”这样的遥想意味着怀旧和思故，意味着对那些曾经的典丽堂皇、幽闲清妙的歌唱，更是对“当然”的北京的歌唱。因此，郁达夫此文直接冠以《故都的秋》而非《北平的秋》，或许就为突出这样的故旧之感。

事实上，《故都的秋》充满的也正是空灵曼妙的遥想。或者说，作家信笔所至，并非抵达北平之时的所见所闻，而是诗人记忆里“当然”的故都，念想里永远的清秋。所有记忆都是美丽的，或者记忆里的所有都是美丽的，像花开一样美丽。“关于一个曾经住过的旧地，觉得此生再也不会第二次去长住了，身处入了远离的一角，向这方向的云天遥望一下，回想起来的，自然也同样地只是它的好处。”（《北平的四季》）尽管这样的今昔之比，在《故都的秋》中被以北国、南方秋之意境与姿态的深浅不同来体现。在郁达夫眼里，相比于南国的秋的半开半醉、混沌寡淡，北国之秋，却有着特别的清静悲凉，无论“陶然亭的芦花，钓鱼台的柳影，西山的虫唱，玉泉的夜月，潭柘寺的钟声”，还是院子头顶一方碧绿的天色，槐树叶下一壶浓茶，牵牛花底几根秋草，槐花的一地落蕊，秋蝉的衰弱的残声，以及一阵凉似一阵的秋雨，都是那样深长和纯粹，甚至“灰土上留下来的一条条扫帚的丝纹，看起来既觉得细腻，又觉得清闲，潜意识下并且还觉得有点儿落寞”，说的也都是故都——记忆里北京之秋的色泽与质地。于是，南方的秋天，“比起北国的秋来，正像是黄酒之与白干，稀饭之与馍馍，鲈鱼之与大蟹，黄犬之与骆驼”。

从另一个角度看，这样赤裸裸的南北之比，又何尝不是北平的今昔之比，甚至，不是作家心目中无奈的现实与逝去的理想的对比？

所以我觉得，在有了《故都的秋》之后，《北平的四季》的作用，或者说这次写作所释放的全部欲望，或许只为全文开头的这几段话。

> 对于一个已经化为异物的故人，追怀起来，总要先想到他或她的好处；随后再慢慢的想想，则觉得当时所感到的一切坏处，也会变作很可寻味的一些纪念，在回忆里开花。
>
> 在北京以外的各地——除了在自己幼年的故乡以外——去一住，谁也会得重想起北京，再希望回去，隐隐地对北京害起剧烈的怀乡病来。这一种经验，原是住过北京的人，个个都有，而在我自己，却感觉得格外的浓，格外的切。

《北平的四季》关于四季的文字可有可无，而上面这几段文字，确是辅助我们阅读《故都的秋》最好的注解，或者说，它表达的是《故都的秋》未尽的情感和思想。《故都的秋》是急就章，笔为情所左右，文字一气呵成，感情血脉偾张；而《北平的四季》则经过了近两年的沉淀，情感得到了理性的梳理，尤其前半部分更能体现这种积淀和深思，可以帮助我们理解《故都的秋》以南北对比之表所隐含的今昔对比之里，让我们感受郁达夫对皇都之“故”的感慨，让我们体会作家心目中对逝去的岁月和理想的怀念。

（三）郁达夫和北京

讲完郁达夫和北京的几段交集和此间的几篇代表作，我们对郁达夫和北京的话题有了一些直观的感受。当然，我们最初设想的，当一个人，尤其是一个多愁善感的文人、诗人，在人生的不同阶段抵达北京，当这个人的出生地文化遇上截然有异的寓居地文化，这个个体的生命曲线、文学曲线会发生怎样的波动，这样一个话题或有可以深入思考的地方。

1. 出生地文化与寓居地文化的对话

每一个人都有自己的出生地。出生地文化作为一种地域文化，一种集体记忆，对人的影响是深入骨髓的，甚至可能是与生俱来的。理论上讲，与一个特定地区或民族的特定历史地理、风土人情相关的人们的行为规范、思维方式、价值取向和道德观念的总和，就是人们所说的地域文化。从地域文化学而言，特定区域固有的地理地貌可以影响生产方式，生产方式影响经济形态，经济形态影响物质基础和生活方式，而物质基础进而影响族群心理，形成个体挥之不去的原乡意识。所谓一方水土养一方人。所以，什么样的生产生活条件，就会有什么样的心理、情感、道德、人伦……诸理念的原住民。

郁达夫是典型的江南才子。1896 年，郁达夫出生在浙江富阳。这是一座典型的江南山水城市，位于江南吴、越文化之交汇地，故既具山城之美，也有江城之秀。吴、越文化一直并称，有着重乐轻礼、创新进取的共性，但两地地理不同，风俗各异，吴地水网密布，经济富庶，民风宽厚敦良，民性温婉浪漫，细致平和，多宽容而少铿锵；而越地则因山水穷恶而不免深刻尖锐、彪悍强硬，多所谓“浙东人的硬气”。就文化地理而言，富阳位于两浙交界之处，既有“浙西”之富庶，但又“为地方山水所束缚”，生活小富即安，人物矜持敏感。而且，据《富阳县志》，富阳曾称“郁半城”，盖言郁氏家族在当地影响之盛也。当然郁达夫出生的时候，满舟弄郁家已经盛景不再，不久之后便是“寡母哺孤”。所以，这样的生长环境，给了郁达夫不一样的童年。虽也经历了鲁迅般的“家道中落”，但与鲁迅看透世态炎凉的结局不同，家道变故让年幼的郁达夫更加深了细腻、脆弱、自卑、敏感的个性。作为诗人的郁达夫，作为现代小说影响力仅次于鲁迅的郁达夫，是这样一方吴越水土的传人。

而踞燕赵之地的北京，人文风土与江南截然不同。北国山很远、天更高，满目都是清冷和苍茫，这样的地理造就了它的子民的慷慨豪迈和沉静辽阔，迥异于江南小家碧玉版的温婉精致；尤其贵为皇城，骨子里有着几百年沉淀下来的傲视群雄的霸气，甚至平民也因为身在皇城根下而颇有一种不卑不亢的生活气度。北京的确有“城”的范儿。它被“墙”四面围合，显得沉稳大气，方圆有序，兼容并包又各不逾矩。上到紫禁城，下到四合院，每一个人都能在这座城市找到属于自己的一片四方的天空。所以，北京之所以能成为新文化运动最初的核心，成为新旧文化融合、三教九流云集之地，是因为它对包括知识分子在内的子民具有很强的凝聚力，能最大限度地让他们获得认同感和归属感。

对此，当年的郁氏兄弟对北京也有同感。1918 年 10 月 14 日，郁达夫在日记中记有“午前接兄长书……又云：富春无大人物，为地方山水所束缚也”这样一段文字。可见，在北京谋事多年的郁曼陀，相较于更深厚舒展的京都文化，对江南出生地文化的拘囿局促也是感触颇深。

郁达夫与北京的三次交会，正是出生地文化与寓居地文化的三场对话，每一场，都能在郁达夫笔下留下碰撞和触发的痕迹。

典型的例子就是郁达夫式的自叙传写作。20 世纪 20 年代初郁达夫有关“性的苦闷”的自叙传写作，自与诗人“为做小说强说愁”的少年情怀、江南情怀紧密相关；但如果一味如此，郁达夫便不过是张资平式的恋爱专家，或鸳鸯蝴蝶式的才子文人。所幸郁达夫从一开始就不局限于此。在他的故事里，一个小我、弱我的生命体验总是能与民族前途、国家命运关联在一起，使郁氏小说脱离低俗趣味，而成为周作人所说的“艺术的作品”。这或与郁达夫的北京之行，与寓居地文化或圆明园情结不无关联。寓居地文化的介入，既强化了江南文化带给诗人的敏感多情的一面，更让他在字里行间写满了义愤和反抗。而《薄奠》时期的创作，则是两者第二次交互的结果：诗人开始直面“生的苦闷”，承受生活的艰辛和磨难，希望在这里寻找属于自己的一方院落。在写作上，他开始回归生命，回归写实，变把生活虚拟化的“自叙传”写作，为把对象生活化的纪实体写作，体现出郁氏创作在大气包容的京城文化的触发下，从青春冲动向沉稳内敛的一种蜕变；第三个阶段，当然是以《故都的秋》为代表的怀旧与抒情，这座承载着泱泱大国的历史记忆和现实苦难的皇城旧都的雍容华贵、典丽堂皇，对郁达夫文字的滋养有目共睹，诗人开始全身心回归自然，文字和文字背后的思想都显得简劲而大气。

以郁达夫的敏锐和敏感，则每一处异质的寓居地文化，或许都能调制出与出生地文化或相呼应，或相碰撞的和声。

2. 原乡意识与侨寓写作的遇合

20 世纪初的一代新文学作家，大都有从原乡去异乡的经历。正如鲁迅所谓“走异乡，逃异地”，这是那一代人的共同经历。而他们中间，“……凡在北京用笔写出他的胸臆来的人们，无论他自称为用主观或客观，其实往往是乡土文学，从北京这方面说，则是侨寓文学的作者”。在异乡回望他的故乡，书写他的乡愁的，用鲁迅的话讲，大抵都是“侨寓文学的作者”。“侨寓”这个词，拆解一下，大致可以理解为“侨居在都市的公寓里”，这群知识分子，都有从穷乡僻壤走进现代城市的经历，或者从原乡走进异乡的经历，与生俱来的原乡意识受到侨寓写作的触动，或者原乡意识与侨寓写作发生遇合，这样的现象就出现在这些文学知识分子的身上。而这样的遇合，不外乎妥协、信从，坚执、固守和化合、融合这样几种模式。郁达夫像是后者的代表。

在郁达夫的写作中，温婉细腻、浪漫飘逸的原乡意识受到异乡体验的影响，他的文字便带有了两者融合之后产生的独特效果。在东京，郁达夫的文字颇受日本“私小说”影响，从而形成了“自叙传”这一纯粹郁达夫式的自我抒情文字，这一小说形式正是郁达夫自卑敏感的原乡性格与自我抒情的日式写作的一种有生命力的融合；在北京也是同样，我们看到了京城文化对郁达夫写作形成的修正和带来的波动。

可见，原乡意识与侨寓写作在郁达夫的文字里形成了良好的互动。在这两者中间，首先，原乡意识是本，是根；侨寓写作是表，是末。这种骨子里的秩序毋庸置疑。原乡意识会让侨寓写作打上深刻的个人烙印，呈现与众不同的个人风格，包括语言的、性情的、思维方式的。纵观郁氏创作，再多异质的寓居地文化，也不能改变我们从文字中获得的对这位江南才子与生俱来的阴郁自怜、敏感多情的认知。

同时，反过来，在“融合”的写作中，侨寓写作亦能凸显甚至强化作家的原乡意识。作为一种异质文化，相对于出生地文化而言，寓居地文化或可被视为“镜像文化”，作家在那样一种文化镜像面前，更容易折射和透视原乡文化的长和短、优与劣，从而在侨寓写作时更好地展示其优长，端正其短劣，正如《故都的秋》对江南原乡的反思一样；另一方面，寓居地文化同时也是一种“他者文化”，人在那样一种文化环境中穿越和行走，无疑可以让他对孕育自身成长的原生文化环境有一个更理性、更包容的自省和审视，从而重构自我形象，促进彼此融合。所以，在写作中，作家故土本位的原乡意识会得到更清晰的确认，更丰富的补益，和更多元的展示和交融。

而北京，又是与众不同的。它不仅是一座城市，更是一种象征。

郁达夫从富阳三抵北京，北京就是寓居地，是让诗人在出生地文化的熏陶之外，更感受义愤、悲伤和怀恋的地方。所以，相对于从杭州富阳走出的诗人，相对于江南原乡，北京是异地，是异乡；而距最后一次故都游历五年以后，郁达夫就远走南洋，开始了他此生最后一段没有终点的漂泊。这个时候，北京，又成了故国的代名词，成了另一意义上的“原乡”。我们看到，诗人浓得化不开的爱国爱乡的家国意识，正是通过回望北京这个“原乡”得到体认和释放的：他在遥远的赤道写下《看京戏的回忆》，时间是在 1941 年 5 月，地点在新加坡。

谢谢大家！

（2012 年 2 月应中国现代文学馆讲座作，原刊《中文学术前沿》第 4 辑）

二　郁达夫与安庆

在郁达夫抵达安庆的时候，安庆是当时安徽的省会。据史料记载，安庆 1217 年建城，至今已有近 800 年历史；而自康熙六年（1667）安徽建省至新中国成立前，安庆一直是安徽省布政使司所在地。所以，这座城市的历史底蕴和文化积淀都非常深厚。尤其晚近口岸开放后，安庆更与上海、南京、武汉、重庆四个沿江城市并列为中国“长江五虎”城市，足见其在政治、经济、文化、军事上的重要地位。而作为省会城市，近代工业化以后，安徽省的第一座发电厂、第一座自来水厂、第一家电报电话局、第一条官办公路、第一个飞机场、第一家现代图书馆、第一张报纸……都作为省会配套诞生在这里，包括第一所大学。

郁达夫前来任教的安庆法政专门学校，就是当时安徽省唯一经中央政府教育部批准的高等学校。其前身为 1912 年创办的私立江淮大学，1915 年转为省公立安庆法政专门学校。如果从校址看，则前与 1652 年创立的“敬敷书院”、1898 年更名的求是大学堂，后与 1928 年创办的省立安徽大学和 1946 年更名的国立安徽大学，都有一定的源承关系。

郁达夫曾三度赴宜，分别是 1921 年 10 月至 1922 年 1 月，1922 年 9

月到1923年2月，和1929年10月。前两次应邀在安庆法政专门学校担任英文教习兼英文科主任；第三次是去新创办不久的安徽大学，教授“两点钟文学概论”[①]，可惜时间很短，不到十天即因时局动荡并被列入赤色分子黑名单而离返上海，当然，事情完全了断，还是延续到了第二年的3月。

（一）教书与写作

郁达夫的赴宜执教，与诗人面对的生计问题直接有关。1920年成婚后，郁达夫必须面对家庭重担。在稍后的两篇纪实体散文《还乡记》和《还乡后记》中，诗人以沉重的心情真实记录了学业有成而生计无着的一代“零余者”的困惑和焦虑。1921年秋，他接受郭沫若的推荐，只身前往安庆，将教书视为编刊、写作以外的一份正式职业。1922年春离职返日本完成学业。等秋季学期到来的时候，郁达夫第二次出现在安庆。这一次，他携夫人孙荃一同前来，并在这里开始经营一个三口之家。郁达夫举家前往的定居地并不多，除杭沪京三地，安庆或许亦可视如诗人的第二故乡。

郁达夫三次来安庆，都是为教书，为谋职，为生计。作为省会城市，安庆绝不以经济实力雄厚见长，但安庆教育部门当时聘请教授的薪资却可能是同类学校中最高的。据记载，1921年郁达夫来安庆，薪水是每月200元；1929年，被聘为安徽大学教授，聘资是每月340元。作为对比，1923年的时候，鲁迅在北大兼课，10月19日日记中写：“收大学四月下半月及五月全月薪水共27元”，查《鲁迅日记》，这段时间鲁迅有6个半天在北大授课；1927年的时候，郁达夫得过一个上海法科大学德文讲习的兼职，每周6小时课，月薪48元；1933年，郁达夫移家杭州，接受之江文理学院的教聘，月薪104元[②]。所以，安庆提供的是很高的薪资标准，足以让一位大学教授维持很体面的生活。

---

① 郁达夫1929年10月3日日记，《郁达夫全集·日记》卷，浙江大学出版社2007年版，第261页。

② 据浙江省档案馆藏“1933年度《私立之江文理学院教职员一览表》”。

来安庆执教，虽然诗人多次表白，教书并不是自己最喜欢的职业，抱怨“教书的如何苦法”“如何不愿意教书”[①]，但事实上郁达夫还是非常投入，每天花“四点钟讲义”加“八点钟的预备”，一天十二点钟的劳动在备课和教学上[②]，颇得同事与同学的好评。并且，此后郁达夫断断续续的从业生涯中，教书是他经常选择的一个职业。他曾经在北京大学、武昌师范大学、广东（中山）大学、上海法科大学、吴淞中国公学、之江文理学院等高校任过教、兼过课，讲授英文、德文、文学概论和统计学。

从创作来看，郁达夫的安庆经历对其写作有直接的影响。从郁达夫在国内完成的第一部完整的短篇小说《茫茫夜》，到后来的《秋柳》《茑萝行》《迷羊》，都取自这段安庆经历；这些也都是郁达夫创作中重量级的作品。在这些作品中，同事关系和师生关系，家庭伦理和爱情伦理，继而性的苦闷和生的苦闷，这些带有鲜明郁氏色彩的创作内容，自成为我们今天还原郁达夫安庆经历的重要依据。

同事关系和师生关系。郁达夫好诗好酒，豪爽仗义，诚恳善良，胸无城府，又饱读诗书，才华横溢，这样的人在任何社会都是大受欢迎的人。所以，现实中，郁达夫结交广泛，高朋满座，生活充满情致和雅兴。赴安庆时，郁达夫正好出版了《沉沦》，并因此受人关注。在安庆法政学校，郁达夫担任英语教习，并兼任英文科主任。作为一个众所周知的语言天才，郁达夫的英文教学是颇受学生和校方追捧和肯定的，郁达夫信任的校长光明甫也非常赏识他，“你成功了，你今天大成功。你所教的几班，都来要求加钟点了”[③]，这段对话虽然出自《茫茫夜》，但基本可视为一个事实；而作为一个熟读雪莱、歌德、狄更斯、华兹华斯的诗人，郁达夫的英文课想必不单单是枯燥乏味的语言课。这段时间的小说、散文、文艺随笔里随处可见的英语诗文，《芜城日记》曾经透露的“午后要预备

---

① 郁达夫：《茑萝行》，《郁达夫全集》第1卷，浙江大学出版社2007年版，第256页。

② 郁达夫：《芜城日记》（1921年10月6日），《郁达夫全集》第5卷，浙江大学出版社2007年版，第34页。

③ 郁达夫：《茫茫夜》，《郁达夫全集》第1卷，浙江大学出版社2007年版，第152页。

讲《欧洲革命史》去”[①] 之类的信息，都可还原当年郁达夫课程内容之丰富和对处于“罗马的黑暗时代”[②] 里的学生的吸引力。郁达夫两个学期里积下的“友”债，抑或可在六年后故地重游时表现出来。1929 年 9 月 29 日午前，郁达夫抵达安庆，10 月 1 日的日记中，就记有“几日来，来访者多，颇以为苦”“晚饭后，偕同学数人，上东门城上去走了一圈，倒很想起了《茫茫夜》里的一点描写”[③] 这样的文字，让人感受同事关系、师生关系的热络。当然，学校里也有“许多黑暗的地方”“课程干燥无味”，还有忌刻心很重的“野心家”[④]，和一连串让他“气愤之至”[⑤] 和“万分的不快”[⑥] 的事情，甚至最后仓皇逃出安庆，都是当年郁达夫安庆生活的组成部分。

家庭伦理和爱情伦理。《茫茫夜》《秋柳》《茑萝行》等，多少记录了作者安庆生活的点点滴滴，包括家庭生活和爱情经历。这里涉及一个敏感的时代话题，即爱情自由、婚姻自主这一五四精神诉求，这一诉求被理所当然地建构了反专制、反封建的高度和价值。现代中国有幸拥有了以鲁迅、郁达夫为代表的一代启蒙知识分子，他们的呐喊与践行为我们打开了通往现代世界的闸门。我们既可以看到鲁迅《我们现在怎样做父亲》《娜拉出走以后怎样》这样的思考；也可以看到郁达夫式的《沉沦》，看到以更病态和极端的方式索求爱情的《茫茫夜》《秋柳》。为了爱情，为了“一副白热的心肠”，知识可以不要，名誉可以不要，甚至可以大跌眼镜地质疑“难道先生就嫖不得么”[⑦]。其实，这样的爱情伦理确乎与其家庭伦理背道而驰。在郁达夫本人，和鲁迅一样，是一个家庭伦理很明

---

① 郁达夫：《芜城日记》（1921 年 10 月 5 日），《郁达夫全集》第 5 卷，浙江大学出版社 2007 年版，第 33 页。

② 同上书，第 27 页。

③ 郁达夫 1929 年 10 月 1 日日记，《郁达夫全集》第 5 卷，浙江大学出版社 2007 年版，第 260 页。

④ 语出郁达夫《茑萝行》，《郁达夫全集》第 1 卷，浙江大学出版社 2007 年版，第 256 页。

⑤ 郁达夫 1930 年 1 月 18 日日记，《郁达夫全集》第 5 卷，浙江大学出版社 2007 年版，第 270 页。

⑥ 郁达夫 1930 年 2 月 1 日日记，《郁达夫全集》第 5 卷，浙江大学出版社 2007 年版，第 274 页。

⑦ 郁达夫：《秋柳》，《郁达夫全集》第 1 卷，浙江大学出版社 2007 年版，第 350 页。

白、很传统的人。他孝顺母亲，虽然母亲不太温柔；他尊敬兄长，虽然一度表示与之决裂；他接受妻子，虽然妻子不是他主动选择；甚至他追求映霞另立家庭，也企求家人的祝福。但正是通过这样惊世骇俗的矫枉过正，通过这样“露骨的真率”，郁达夫以一种“艺术”的方式向世人开启了一个“把一些假道学、假才子们震惊得至于狂怒了”[①] 的艺术世界。或许，这是以反伦理建构新伦理的一种方式。

性的苦闷和生的苦闷。安庆教书的两年，正是郁达夫人生中角色深刻转型的阶段。这期间，他完成了学业，组建了家庭，得到了第一份正式的工作，从一名学子、人子，转而变身为人夫、人父。所以，《沉沦》时期单纯的无病呻吟式的“性的苦闷”，此时就为令人不安和同情的“生的苦闷”所取代。苦难的生计、复杂的世事和新生的生命一起奔涌而来，加剧了小说里主人公的惶恐、担忧、无奈和痛苦；同时，也加剧了主人公逃避现实、寻求刺激和麻醉的念想。“性的苦闷”携手“生的苦闷”，让郁达夫的创作既保有率真的个人性，也具有了广泛的社会性。《茫茫夜》，即是这一转型时期的代表性作品——既关注人性，也关注人生。

（二）爱情与友情

郁达夫的文字情感充沛。但是，综观郁达夫的文字，除了写给夫人孙荃和王映霞的情书，其笔下浪漫、真挚、热烈、美好的爱情其实并不多见，多的是从爱情旁逸斜出的两种情感：亲情和孽情。在郁氏情感世界里，亲情和爱情，孽情和友情，总是纠缠在一起，让人难分泾渭。而这一情形，在安庆经历和书写中体现得尤为充分。

亲情和爱情。郁达夫有一个乡间的原配夫人，知书达礼，容貌清秀，从郁达夫私下写给夫人的诗、书、字、文里，我们不难发现儿女情长，也不乏志同道合。两人和诗、对联，讨教文学和诗学，《云里一鳞》和其他几封家书在浙大版《郁达夫全集》首次以全貌示人，其中写于1922年2月从安庆辞职赴日本参加毕业考试途中的一封家书，以“兰坡，我所最

① 郭沫若：《论郁达夫》，陈子善、王自立编《郁达夫研究资料》，花城出版社1985年版，第86页。

爱的兰坡”直呼爱人[①]，文字之热辣丝缕不输后来写给王映霞的情书。至于夫唱妇随，一起去郁达夫谋职的异地同居，在新文学作家里更是不多见，即便有如鲁迅，朱安夫人赴京也只是伺候母亲的需要；而孙荃，则是诗人发泄“社会上受来的种种苦楚，压迫，侮辱”的“我的最爱的女人”[②]。遇见王映霞之前，郁达夫后来辑为《日记九种》之一的《劳生日记》《病闲日记》里，就记载着大量对远在千里之外的夫人和孩子的思念。从1926年11月3日到12月2日，郁达夫日记里记载的写给孙荃的家书就有11封之多，11月3日这天，因为接到了北京女人的“悲伤”的来信，竟一天“作了两封信去安慰她去了”[③]，互诉相思之苦。这一个月里，郁达夫还分三次给北京寄去400元钱，期间并托人稍带20余元燕窝给孙荃。要知道，这个时候，郁达夫与孙荃的婚姻已走进第七个年头，也就是常人所说的“七年之痒”，但日记记录下来的仍然是让人艳羡的热烈的相思。遇见王映霞之后，诗人新生恋爱，但对孙荃夫人和孩子，仍是写信、寄钱、买燕窝，为她们“牺牲我的一切”[④]。所有这些事迹，才是我们应该还原的郁达夫与原配夫人之间的真实关系——这是一种升华为亲情的爱情。从某种意义上讲，亲情比爱情，或更具有长久的生命力。虽然，它可能不像爱情那么浪漫传奇，那么惹人关注，但亲情是血浓于水，不分你我，不争高下，是完全的合二为一，裸呈相见。这是人间任何情感不能取代、任何力量不能分割的，是可以相伴一生、相守一世的最绵长的纽带。或者说，它不是爱情的蜕变，更不是爱情的坟墓，它是爱情的升华状态。

这样的情感，《茑萝行》里记得最真切。通过这个“不能爱而又不得不爱的女人”，郁达夫剖析了这种亲情的力量。“啊啊，我的女人，我的不得不爱的女人，你不要在车中滴下眼泪来，我平时虽则常常虐待你，但我的心中却在哀怜你的，却在痛爱着你的；不过我在社会上受来的种

① 郁达夫致孙荃信，《郁达夫全集》第6卷，浙江大学出版社2007年版，第48页。

② 郁达夫：《茑萝行》，《郁达夫全集》第1卷，浙江大学出版社2007年版，第250页。

③ 郁达夫：《劳生日记》（1926年11月3日），《郁达夫全集》第5卷，浙江大学出版社2007年版，第36页。

④ 郁达夫：《厌炎日记》（1927年7月30日），《郁达夫全集》第5卷，浙江大学出版社2007年版，第212页。

种苦楚，压迫，侮辱，若不向你发泄，教我更各向谁发泄呢！啊啊，我的最爱的女人，你若知道我这一层的隐衷，你就该饶恕我了"，和"你倘能恨我怨我，怨得我望我速死，那就好了，但是办不到的，怎么也办不到的，你一边怨我，一边又必在原谅我的，啊啊，我一想到你这一种优美的灵心，教我如何能忍得过去呢！"[①] 这两段话，把一位才谋教职旋又失业的怯弱的"暴君"对跟着他一起来A地教书的"不幸的妇人"的歉疚、忏悔之情袒露无遗，在无比包容和宽厚的亲情面前，所有的恩怨、喜怒都显得纤弱不堪。

"孽情"和友情。在郁达夫的安庆写作中，大家更感兴趣更想探究的，应该是婚姻、爱情之外那个"寻花问柳"的于质夫，那个同性爱、恋物癖、逛窑子、吃花酒的于质夫。跟亲情一样，这种情感也从爱情突变而来，我们称它"孽情"。这里需要辨别的，可能就是"孽情"和"友情"的关系。郁达夫写了不少爱情之外的孽情，还振振有词予人以口实。最为经典的段子有两个，一是质夫选妓女的条件。他要年老貌丑没人怜的海棠。海棠是"鹿和班"里的一名弱者，容貌不佳，身世苦难，鲜有人垂青，还带着个孩子。质夫与海棠的交往，表面上看，像是变态性心理作祟，事实上，或颇类于知识分子对弱势群体的同情，是他的"侠义心"[②] 和"劫富济贫的精神"[③] 在这个特定场合的一次排演，"我要救世人，必须先从救个人入手。海棠既是短翼差池的赶人不上，我就替她尽些力罢"[④]，朋友吴风世也说"人家都知道你对海棠是一种哀怜"[⑤]。郁达夫写下那些"孽债"，可能更想表明的，正是他的这种友爱之心、怜悯之心，一种基于知识分子济世情怀的同情和友情，即便对于最底层的女子也不例外。二是质夫对教员嫖娼的脱辞，"学生嫖得，难道先生就嫖不得么"[⑥]。那样坦率的一种表白，未尝不是对世俗之见的鄙视和嘲讽。为了

---

① 郁达夫：《茑萝行》，《郁达夫全集》第1卷，浙江大学出版社2007年版，第250页。
② 同上书，第345页。
③ 同上书，第352页。
④ 同上书，第345页。
⑤ 同上书，第358页。
⑥ 同上书，第350页。

自由，可以不要名誉；为了真性情，可以不顾虚伪的道德。这种大胆或源自诗人对同性爱、恋物癖、逛窑子、吃花酒的宽容和理解，对不为社会所容纳的另类群体的某种同情。从某种意义上讲，这或许也是社会文明进步的一种标志。事实上，郁达夫的《茫茫夜》《秋柳》，包括后来的《她是一个弱女子》《迷羊》，的确都令人震惊地描述了那样一个非常态的世界，成为郁达夫最受非议、最需甄别的一种写作。

“质夫的意思以为天地间的情爱，除了男女的真真的恋爱以外，以友情为最美。”[①] 显然，这种“友情”是广义的、宽泛的，涵盖一切情感的“友爱”与“同情”，是以平和的心接受任何一种存在。这份悲悯，不是推托，不是掩饰，正如鲁迅的大欢喜和大慈悲：“无尽的远方，无数的人们，都与我有关。”[②]

（三）纪实与虚拟

郁达夫采取自叙传形式写作，强调“生活和艺术紧抱在一块儿”，即主张生活就是艺术，艺术就是生活。因此，从理念上讲，自叙传作家都比较着意于体验丰富多彩的个人生活，以便在文学创作中如实展示富有戏剧色彩和传奇色彩的人生素材。但事实上，郁达夫的自叙传，却是在“体验”之外，多有想象和虚构。1922 年 6 月《〈茫茫夜〉发表之后》一文里，郁达夫坦白“我平常作小说，虽极不爱架空的做作，但我的事实(Wahrheit）之中，也有些虚构（Dichtung）在内，并不是主人公的一举一动，完完全全都是我自己的过去生活”[③]。

那么，在郁达夫的创作中，艺术虚构与人生真实，有怎样的一种“权衡”?

新文学之初，知识分子努力建构平民本位的叙述视角，通过语言、内容、情感、立场的平民化，打破传统等级社会里知识分子（和统治者）

---

① 郁达夫：《茫茫夜》，《郁达夫全集》第 1 卷，浙江大学出版社 2007 年版，第 148 页。

② 鲁迅：《“这也是生活”……》，《且介亭杂文》附集，《鲁迅全集》第 6 卷，人民文学出版社 2005 年版，第 624 页。

③ 郁达夫：《〈茫茫夜〉发表之后》，《郁达夫全集》第 9 卷，浙江大学出版社 2007 年版，第 32 页。

对文字和话语的垄断，体现新文学的现代性、平民性，以收获劳工的信任，唤醒底层的同情，从而获得与民众对话的机会。这是新文学作家致力于抵达的一个目标。所以，跟传统故事里帝王将相、才子佳人不同，也跟今天小说中英雄豪痞、俊男靓女有异，新文学作家主张"劳工神圣"，关注"弱势群体"，践行"平民文学"，其主人公多为社会底层频遭压迫的老中国儿女、弱中国儿女。

郁达夫的自叙传写作，就是通过纪实和虚构的交错，"自叙"与"他叙"的叠加，通过自我贬抑与自我暴露，来呼应那个年代的社会阅读，接近那个年代的社会审美，从而求得社会大众的认同与共鸣，让自己成为"劳工""弱者"和"平民"的同党，成为他们的盟友，成为他们的代言人。

郁达夫的这一创作本质，或并未获得应有的认识。90 年前，已经出版《沉沦》并遭遇相当误读的郁达夫就表示过他对自己作品的担忧，在 1922 年 3 月写下的文艺随笔《艺文私见》中，郁达夫期待"真的文艺批评"，期待"真有识见的批评家"①，希望人们不至过于简单地辨认他创作中的真与假。

回到当年的文学现场，郁达夫的创作至少有三种情形是真假难辨的，或者说诗人是在"以假乱真"——"哭穷"。经济地位低下是底层平民的显在状态。郁达夫笔下，尤其回国以后写下的小说散文作品，《血泪》《茑萝行》《春风沉醉的晚上》《还乡记》《还乡后记》……人物的穷愁潦倒是常态。伴随着贫穷、动荡、饥饿和疾病，郁达夫"诉愁诉恨，更诉说无钱"②，向世人演绎了一幅幅"生的苦闷"的现实图景。在这些作品中，《春风沉醉的晚上》比较有代表性。作品里有两个主人公。一是知识分子"我"，二是纸烟女工"陈二妹"。失业者"我"搬进上海邓拓路贫民窟的一个灰黑破旧的亭子间，正与陈二妹相邻。小说中两次提到钱，先是两人谈及女工的收入："每月九块钱"，饭钱"四块钱一个月"；除了

① 郁达夫：《艺文私见》，《郁达夫全集》第 9 卷，浙江大学出版社 2007 年版，第 24 页。

② 郁达夫：《闲情日记》1927 年 4 月 2 日，《郁达夫全集》第 5 卷，浙江大学出版社 2007 年版，第 143 页。

饭钱，每月可省下五块钱来，“够你付房钱买衣服的么?”“那里够呢!”[①]后来是“我”得了五块钱稿费。买了一件竹布长衫，搬回一堆零食，洗了一个澡，一下午花掉三块钱，“连我原有的一块多钱合起来，付房钱之后，只能省下二三角小洋来，如何是好呢!”[②] 郁达夫用这样煽情的苦情文字，让人心生对底层民众——知识分子和劳动女工——困顿生活的同情。

而对照《银元时代生活史》，同样是20年代初，同样是八九块钱的薪水，陈存仁的记录是“我虽然每月只得薪资八元，但袋中常有铿锵的银元撞击声，气概为之一壮……第一个月，吃过用过，口袋中还余五块钱”[③]；郁达夫的叙述是“哪里够呢”“如何是好呢”。一个慷慨铿锵，一个怨艾不尽，究竟孰真孰假?

作为典型的浙西文人，郁达夫的个人生活和家庭生活，基本上是比较殷实、富足、滋润的，用郁达夫自己的话说，平时“挥霍惯了”“虽则不是豪富，然而也可算中产”[④]，最低限度，即使回到家乡，“养养你，养养我，养养我们的龙儿的几颗米是有的”[⑤]。两相对照，我们不难觉察到郁达夫“自叙传”小说纪实之余的些许虚拟或虚饰，其中多少暴露出来一点“哭穷”的意味，即不是真穷，而是“哭穷”。究其功能，则在通过放大、夸张知识分子与劳动者面临的贫穷、饥饿状态，展示社会底层民众“同是天涯沦落人”的艰辛和苦难，“替穷人哭”，从而对现政、对社会加以批判，完成五四知识分子对社会人生的终极关怀和使命。从小说创作来看，这样的虚拟无可厚非；而从阅读接受来看，郁达夫类似“把伤口撒上盐”的“暴露”文字，亦是颇能投当时读者，尤其是年轻读者之好，从而获得他们的共鸣的。

“恨娶”。作为一个等级社会、特权社会，传统中国长期由少数人主

---

① 郁达夫：《春风沉醉的晚上》，《郁达夫全集》第1卷，浙江大学出版社2007年版，第280页。

② 同上书，第287页。

③ 陈存仁：《银元时代生活史》，上海人民出版社2000年版，第19页。

④ 郁达夫：《茑萝行》，《郁达夫全集》第1卷。浙江大学出版社2007年版，第263页。

⑤ 同上。

宰游戏规则，掌握资源分配。从社会最细胞的家庭关系看，家长至上、男主女从的家庭秩序，导致婚姻关系的种种弊端，比如婚姻须由父母做主，男人可以三妻四妾等。这样的社会伦常和等级秩序正是五四新文化运动致力于打破的专制文化的核心弊端。五四一代知识分子，都留有那个动荡、转型时期特殊的经历和身份，他们生长在旧有体制下，接受传统文化教育，包括个人生活也已遭遇父母之命，有一个父母赠送的婚姻，比如鲁迅，也包括郁达夫；但历史的车轮毕竟已经开进了20世纪，随着传统帝国的瓦解、科学思想的渗透和现代教育的启动，新思想新文化开始在中国大地飘荡，五四运动应运而生。所以，这一代知识分子自然又成为创造、传播新思想新文化的先驱，并在这样的时代语境下身体力行，甚至以矫枉过正的方式，打破中国社会金字塔式的等级结构和坚厚障壁，实现他们的精神诉求和文化情怀。

与鲁迅身边的朱安夫人不同，郁达夫原配孙荃是一位乡间“才女”，能诗会文且颇具文采，郁达夫称其诗“已欲与文诗相抗矣”①，甚至建议她抄清诗稿，自己“当为汝制小序一篇，夸示同人”②。可见两者之间颇有共同语言，毫无疑问，这是两人的爱情基础。但作为对比的是，我们也看到，出现在《茑萝行》《十一月初三》《还乡记》《还乡后记》《一个人在途上》等作品中的那个女人，常被郁达夫以“一点也不爱她”“不能爱而又不得不爱的女人”称呼，让人联想诗人对原配或是怜多于爱，亲情多于爱情；而我们熟悉的《沉沦》《南迁》，尤其安庆相关的《茫茫夜》《秋柳》，更可以看到郁达夫不甘既有婚姻、寻求婚外刺激的种种病态的爱情行为和苦闷心理，“恨娶”之心溢于言表。

其实，跟“哭穷”一样，“恨娶”情节也是郁达夫一次巧妙的伪装，他把自己包装成了一个时髦的让人同情的专制婚姻受害者，和引人效仿的自由爱情追求者的形象。结合我们对更为纪实的日记和书信的细读，需要明白的是，这里有的是真实的爱情理想，但却加了些虚拟的爱情事实。正是在这样的意义上，我们可以想象郁达夫通过“性

① 郁达夫致孙荃信，《郁达夫全集》第6卷，浙江大学出版社2007年版，第38页。

② 同上书，第29页。

的苦闷"的宣泄，试图完成的对传统婚姻、爱情秩序，甚至社会等级秩序的撼动。

"卑己"。在虚实难辨的小说散文之外，从郁达夫更大量的文字里，我们能看到的是一位诗人对自身才华和才干的自信与自恋。他《四十自述》中自称"九岁题诗四座惊"；他闯荡了四所中学，加起来不满一年的初中教育，却在赴日一年后考入东京八高，一所日本人都引以为豪的高中；在长兄的引荐下，他在日本与日本诗人和诗人团体往来密切；他考进东京帝大，与郭沫若等一干同学发起成立创造社，主持《创造》丛书和刊物的编辑；他的小说自成一体，影响不凡；他与鲁迅结下了一生的友谊，并共同成为现代小说的泰斗；他一生朋友无数，生活浪漫，经历传奇，是众人艳羡的"富春江上神仙侣"……常识地来看，郁达夫好像没什么理由"卑己自牧"；他的自我认知里，写下的也应该是自得与自恋。

但是，郁达夫影响深远的自叙传小说和纪实体散文，留给世人的抒情主人公却常常是一个身无长物、哀哀戚戚的"零余者"形象，生活困顿，爱情旁落，报国无门，济世无方，总是处在自责自问之中。这种深入骨髓的自卑自怜、自我贬抑，成了郁达夫人物形象里标签式的印记。与"哭穷""恨娶"一样，"卑己"，亦是郁达夫在文学写作里完成的一种虚实变招，以自我解剖、自我暴露、自我"牺牲"的方式，显示处于现代社会转型大潮中知识分子的柔弱与无奈。

"哭穷""恨娶"和"卑己"，是郁达夫自叙式写作中表露出来的独有的心态和姿态。当年，郁达夫就认为"文艺是天才的创造，不可以规矩来测量的"[①]，他把真相藏在虚拟的文字背后，把真情藏在虚构的故事背后，呼唤真的读者能除去"伏在明珠上面的木斗"[②]，点亮火把，"在黑暗不明的矿坑里，看得出地下的财宝来"[③]。

这是郁达夫对当年，也是对今天读者的一点希望、一点要求。看得

① 郁达夫：《艺文私见》，《郁达夫全集》第9卷，浙江大学出版社2007年版，第22页。

② 同上书，第24页。

③ 同上书，第23页。

出来，纪实也好，虚拟也罢，他期待的是一个公正的、能深知其内在而不为表象所迷惑的阅读。

（2012年4月为安庆图书馆讲座作，原刊《中文学术前沿》第7辑）

三　郁达夫与上海

上海是一座神奇的城市。在中国这样一个古老的农耕国家，上海称得上是一个异类。与诸多历史悠久的古都相比，上海显得年轻、前卫、时尚、活力四射，在近现代以来的中国扮演了举足轻重的角色。而此前，它的地位一直相当边缘——北宋，当附近的华亭镇、青龙县被称作“小杭州”的时候，上海还只是一个荒凉的滨海渔村；其行政级别作为县的历史只有700余年，而作为“上海市”的日子更短，不到100年。但它今天的的确确是中国第一大都市，而且早在郁达夫们叱咤文坛的20世纪30年代，亦已经是“远东第一大都市”。上海的神速发展得益于19世纪中叶第一次鸦片战后的口岸开埠，随着《南京条约》的签订和实施，上海和其他四座沿海港口城市首批向国外开放，这给了作为港口的上海一个制造神话的机会。位于中国海岸线正中位置的上海背靠大陆面朝大海，是现代文明、工业文明、商业文明在中国着陆、交汇、践行、弘扬的见证和产物。

郁达夫出生的1896年，上海已经开埠半个多世纪。这一年，上海创办南洋公学——今上海交通大学的前身；上海开办第一家中外合资银行——华俄道胜银行；上海创办中国第一份杂志——《时务报》；上海放映国内第一场电影——一名法国商人带来的一部短片。这一年，作为商品广告的月份牌也来到上海，成为上海时尚的一个缩影。而此前，洋行、商厦、茶楼、酒店、码头、铁路、工厂、学校、公园、教堂、邮政、电报、电灯、电话、歌厅、马场……这些现代都市的标志、现代生活的必需，都已相继出现在上海，成为上海繁华的一个基础。

（一）失业感受

郁达夫初到上海，是在1913年“晴空浩荡的九月下旬”。郁达夫被大哥带往日本求学，经上海辗转。那个时候，“上海街路树的洋梧桐叶，已略现了黄苍，在日暮的街头，那些租界上的熙攘的居民，似乎也森岑地感到了秋意”。他们住在豪华的一品香旅社。这年六月，章太炎刚在这里摆过与汤国梨大婚的酒宴。面对“远近的灯火楼台，街下的马龙车水”，面对传说中的“不夜之城，销金之窟”，17岁的郁达夫开始关注和思考国家、社会和人生的问题，面对“帝国主义的险毒，物质文明的糜烂，世界现状的危机，与夫国计民生的大略”，以及“金钱的争夺，犯罪的公行，精神的浪费，肉欲的横流”诸现状，虽没得着明白的答案，但“我想社会的归宿，做人的正道，总还不在这里”。[①]

这是郁达夫对上海最初的印象，被记在《自传之八·海上》里。这段文字，让我们看到了上海这座异军突起的大都市在国人心目中尴尬的境地。无论在少年郁达夫的眼里，还是中年郁达夫的笔下，上海都不曾无条件地得到赞美——物质奢靡而精神潦落的上海，既没被视为社会的未来，也不被看作人间的正道。这是颇值得探讨的一种社会心理，或许，是重农轻商、安贫乐道的传统文化积习还在深深影响着国人的思维和判断。

八年以后，1921年9月，郁达夫将临毕业，上海成了他文学人生的新起点。在此之前，郁达夫的文学载体主要是旧体诗词，而且，已经在中日诗人群体中多有影响，创造社在日本成立以后，郁达夫多方面的写作能力得以触发。这时，上海泰东书局为创造社提供了活动场所和出版机会；而郁达夫文字所传达的抑郁、苦闷的情感，又多与都市读者有共鸣。于是，在之后五六年的时间里，尽管郁达夫为生活的奔波半径加大，但其文学活动基本是以上海为中心，因主持创造社出版物而频繁往来于上海和安庆、北京、武昌、广州之间。这段时间的颠沛流离，让郁达夫

① 本段引文均见郁达夫《自传之八·海上》，《郁达夫全集》第4卷，浙江大学出版社2007年版，第298—299页。

尤其深切地感受到“失业”的困顿，从而，这个阶段郁达夫的文学书写，比较重要的一脉，就沉淀为与都市生存体验紧密相关的“失业感受”。

上海的繁华与时尚，对这个大都市的闯入者而言，意味着一种压力和距离。在这座新兴的工业城市里，职业的焦虑笼罩在每个人的头上，清高自许的知识分子也不例外。相对于传统中国安土重迁的生存范式，远离土地已经让人失去安全感，职业无着更是令人惶恐。这是农耕中国前所未有的痛苦体验，也是“生的苦闷”如影随形的根源所在——如果拥有土地，那么出外求学、经商、戍边或谋职的游子回到家乡，“养养你，养养我，养养我们的龙儿的几颗米是有的”[①]，土地让人心有所属，生有所系，或不致有生存之虞。但是，城市化生存在让人失去土地的同时，也让人失去了生存的根基，甚至由此动摇了生活的信心。

> 在沪上闲居了半年，因为失业的结果，我的寓所迁移了三处。最初我住在静安寺路南的一间同鸟笼似的永也没有太阳晒着的自由的监房里……在这 Grub Street 里住了一个月，房租忽涨了价，我就不得不拖了几本破书，搬上跑马厅附近一家相识的栈房里去。后来在这栈房里又受了种种逼迫，不得不搬了，我便在外白渡桥北岸的邓脱路中间，日新里对面的贫民窟里，寻了一间小小的房间，迁移了过去。[②]

这是郁达夫名篇《春风沉醉的晚上》的开头，一段不厌其详的关于搬家的描写，而屡次迁移的根源正是主人公面临的失业。失业，失去稳定的生活来源，从而穷愁潦倒，衣食无着，让一位才华卓具的读书人自卑而伤感，以致面对同样沦落于人间最底层的勤劳善良的劳动女工，不敢言爱不能示爱。尽管这样的书写能让人读出郁氏小说自“性的苦闷”而步入“生的苦闷”，展拓开一个“更社会主义”的新题材领域的蝶变意味，但更显示出郁达夫于都市生活真实而苦涩的体验。

---

① 郁达夫：《茑萝行》，《郁达夫全集》第 1 卷，浙江大学出版社 2007 年版，第 263 页。

② 郁达夫：《春风沉醉的晚上》，《郁达夫全集》第 1 卷，浙江大学出版社 2007 年版，第 274 页。

1922年8月，在上海写下的《血泪》，也是通过一个手里捏着一张外国大学的文凭回到上海，能写“与主义还合”的小说，却不知去哪里过夜的年轻人的境遇，讲述跟失业相关的贫穷带给人的痛苦与羞愧。因为路费被盗，主人公暂时落脚上海，白天上四马路闲走，晚上“随便更选一个地方睡下”，过着居无定所的日子，生怕被疑作扒手；又巧遇一位富有的同乡，只好硬着头皮上一品香……“那时候要是地底下有个洞，怕我已经钻下去了”——在贫穷面前，知识分子尊严尽失。

失业带来的落寞寂寥、郁闷感伤的心境，被真实地记录在郁达夫的文字里。来上海闲住而“终找不着适当的职业”的Y（《落日》），到了无可奈何的现在，“只好各往各的故乡奔”的曾邝于三人（《离散之前》），演绎的也都是失业者的哀歌。“今朝是失业后的第一日。早晨起来，就觉得自己是一个失业者了，心里的郁闷，比平时更甚。”[①] 在1926年12月《病闲日记》的开篇，郁达夫也直白地表示了这样的心情。

中国的城市化进程起步迟，发展缓，上海是一个特例。人们在享受大上海物质繁华的同时，更多人面对的是城市这一新型社会集群模式带来的让人困惑和不安的现实。其中，就包括“职业”这个新生怪物。

当城市以“职业”体现社会分工、重构个人价值的时候，也就意味着职业对于人的非常意义。它几乎是人与城市互信和相容的标志；反之，失业，也就意味着人的不见容或难见容于城市。这在城市化生存中，会让土生土长的老中国儿女产生诸如愤懑、尴尬、痛苦、失落、无奈、反抗种种复杂甚至极端的个人情绪，而这样的情绪，正是工业社会、现代文明特有的产物。

由此观之，通过笔下主人公各种样态的失业经历和感受，通过城市的子民为在城市的生存付出的情感的，甚至生命的代价，郁达夫写出了转型期中国特有的社会现象和时代情绪，让我们看到了中国社会从古老

① 郁达夫：《病闲日记》（1926年12月1日），《郁达夫全集》第5卷，浙江大学出版社2007年版，第51页。

的农耕文明步入现代工业文明所经历的阵痛，也为我们留下了一个时代浓重的投影。

（二）爱情故事

1927年，郁达夫在上海遭遇生命中最炽烈的一段爱情，并为这段爱情定居上海五六年。这段故事家喻户晓。一对“富春江上神仙侣”也在上海度过了他们最浪漫和高调的爱情时光。

不消说，是城市哺育了这样的爱情。发乎情，止乎礼，是我们由来的爱情故事的一般公式。男耕女织的家庭模式，清贫本分的生活状态，让爱情多了些柴米油盐的实在，少了点风花雪月的浪漫。爱情，原本就是暖饱之余的锦上之花；而十里洋场的上海，正以它灯红酒绿、歌舞升平的魅惑，经营着爱情故事的孕育和生长。

郁达夫的爱情想象，似乎也可以回溯到1913年的途经大上海——他被请去看“天蟾舞台的迷人的戏剧”，贾璧云的全本《棒打薄情郎》：

> 这时候梅博士还没有出名，而社会人士的绝望胡行，色情倒错，也没有像现在那么的彻底，所以全国上下，只有上海的一角，在那里为男扮女装的旦角而颠倒；那一晚天蟾舞台的压台名剧，是贾璧云的全本《棒打薄情郎》，是这一位色艺双绝的小旦的拿手风头戏；我们于九点多钟，到戏院的时候，楼上楼下观众已经是满坑满谷，实实在在的到了更无立锥之地的样子了。四周的珠玑粉黛，鬓影衣香，几乎把我这一个初到上海的乡下青年，窒塞到回不过气来；我感到了眩惑，感到了昏迷。
>
> 最后的一出贾璧云的名剧上台的时候，舞台灯光加了一层光亮，台下的观众也起了动摇。而从脚灯里照出来的这一位旦角的身材、容貌，举止与服装，也的确是美，的确足以挑动台下男女的柔情。在几个钟头之前，那样的对上海的颓废空气，感到不满的我这不自觉的精神主义者，到此也有点固持不住了。这一夜回到旅馆之后，精神兴奋，直到了早晨的三点，方才睡去，并且在熟睡的中间，也曾做了色情的迷梦。性的启发，灵肉的交哄，在这次上海的几日短

短逗留之中，早已在我心里，起了发酵的作用。①

台上台下形成了一种合力，鼓舞着人们性灵的觉醒，也鼓舞着人们对爱情的期待。电影院、游乐园、咖啡馆、歌舞厅、跑马场以及公园、商厦、车站、书店，甚至各国租界……这样一些上海滩上独有的浪漫、唯美、氤氲、暧昧的公共空间，这样一些农耕中国难以想象的“爱情空间”，带来的是前所未有的娱乐的、闲逸的、迷情的甚至纵欲的爱情文化——天蟾舞台的经历，留给十七岁少年的正是关于爱和性的深刻记忆，后来郁氏早期小说触目惊心的“性的苦闷”，或许也与这样一场“海派”启蒙相关。

遭遇爱情之后，郁达夫在上海期间完成的创作中，职业不再成为心底沉重的纠结，“爱情故事”堂堂走上前台，神态却与“过去”大相径庭。《清冷的午后》记下的是丈夫对妻子的愧疚，作者让这个男人在清冷的雪天里自沉于西湖，对不忠诚的爱情表示了批判和同情；《迷羊》自有爱情的缠绵与痴狂，情节也被编织得曲折冗长，但小说的“后序”却点明，作家的写作初衷是一场关于爱情的“忏悔”；《她是一个弱女子》则通过爱情与革命的相互厮磨，用性的堕落与懦弱，折射社会政治的混乱和残酷；《迟桂花》终于让我们看到了甜美而纯净的爱情——尽管迟到了，毕竟开了花了——当然，它发生在甜美宁静、远离喧嚣的城郊山村。

简单梳理一下这段时间的爱情故事，结合郁达夫日记中透露的个人心情，我们几乎能够体会到爱情和亲情、爱人和家人两种力量、两种道德在郁达夫生命中的博弈。

我说过，郁达夫和鲁迅一样，是一个家庭伦理很明白、很传统的人。他孝顺母亲，虽然母亲不太温柔；他尊敬兄长，虽然一度表示与之决裂；他接受妻子，虽然妻子不是他自己选择；甚至追求映霞另立家庭，也想企求家人的祝福；而与原配夫人孙荃的儿女情长甚至志同道合，更是让他在新的爱情面前痛苦不已——

① 郁达夫：《自传之八·海上》，《郁达夫全集》第4卷，浙江大学出版社2007年版，第299—300页。

> 我在无意识的中间，也在思念北京的儿女，和目前问题尚未解决的两个女性，啊，人生的矛盾，真是厉害，我不晓得哪一天能够彻底，哪一天能够做一个完全没有系累的超人。[①]

> 这时候荃君若在上海，我想跑过去寻她出来，紧紧地抱着了痛哭一阵。我要向她 confess，我要求她饶赦，我要她能够接受我这一刻时候的我的纯洁的真情。[②]

但郁达夫又是一位新文学作家，以大胆、叛逆著称的新文学作家。在我看来，五四新文化运动基本落实在“疑古”与“弑父”两大行动上。前者是文化考古层面的“重新估量一切”；后者是文化创新层面的“打倒孔家店”，即否定家国意义上的等级结构，倡导一种人人平等的新型社会关系。这其中，爱情的突破父母之命、主张自由之爱，正是一大“弑父”体验。“弑父”，于新文化，是破旧立新的正义行为；于旧道德，则无疑会受到众多谴责和非难。而“弑父”者的内心深处，也会有两种力量的决斗。五四一代启蒙知识分子，正是在这样的环境中艰难前行，他们努力倡导，深刻思考，然后身体力行，但却饱受新旧力量夹击之苦。

郁达夫的上海爱情故事，就是最好的例子——一方面，是启蒙作家的诉求，是时尚爱情的诱惑；另一方面，则是传统道德的制约、既有亲情的羁绊。这种矛盾的境地，便让笔下追求自由爱情的主人公，心里多了几分自责和忏悔。早年“知识我也不要，名誉我也不要，我只要一个安慰我体谅我的‘心’，一副白热的心肠！从这一副心肠里生出来的同情！从同情而来的爱情！”“我所要的就是爱情”“我所要求的就是异性的爱情！”这样隔空呼唤和想象浪漫爱情的主人公，当爱情真正来临的时候，就难免会有在追求爱情和维护家庭、履行新文化和敬畏旧传统之间的挣扎、沉浮，因此，这个时候的爱情故事，才演绎出更多的悲剧，投

① 郁达夫：《村居日记》（1927 年 1 月 30 日），《郁达夫全集》第 5 卷，浙江大学出版社 2007 年版，第 88 页。

② 郁达夫：《穷冬日记》（1927 年 2 月 7 日），《郁达夫全集》第 5 卷，浙江大学出版社 2007 年版，第 96 页。

湖，出走，贫穷，死亡……于是，现实看起来很丰满，文字实际上很骨感，因为，它每每触及灵魂深处的伤和痛。

或许，郁达夫正是以"城市不完美爱情故事"，表达对城市所经营、所纵容的情色文化的警惕，并以此表达对五四"疑古"与"弑父"这一文化行为的反思，表达对新文化自身的反思。

（三）另类坚守

在20世纪初社会转型时期，城市，无疑是先进文化的集散地。上海尤其如此——既有先进的物质文化，更有先进的思想文化。1915年，《青年杂志》诞生在这里，科学和民主的大旗开始飘扬；1920年，共产党人最先选择这个城市传播共产主义；1922年，国共合作创办的上海大学诞生在上海的"弄堂"，并很快成为名副其实的"红色学府""革命的洪炉"，早期共产党人在这里传道、授业，播撒革命火种；1927年，蒋介石"清党"亦以上海为重镇，上海滩上一度血雨腥风；此后，蒋介石坐镇南京，政治中心南移，民国社会经历了所谓的"黄金十年"，社会经济高速发展，物质繁华极度呈现，上海更成了民国经济和文化发展的中心，成了陈丹青所谓的"代表当时中国的'先进文化'"[①] 的大都市。

在这样的背景下，新文学重心亦从北京南移上海，新文学最时尚、最前卫、最先锋的写作，此时就集中在上海，形成了海派文化的蔚然大观——这里既容纳了海派京剧、美国电影、西洋油画、新感觉派小说、现代诗等诸多现代海派艺术[②]，也催生了新文学的另类"时尚"——力的、赤色的、革命的"普罗"文学。如果前者释放的是布尔乔亚崇尚内心体验、迷恋物质享受的浪漫意味，后者体现的就是自由、颓废、放荡不羁甚至反社会的波希米亚风格。

昨天在俄国领事馆看"伊尔玛童感"的新式跳舞，总算是实际

① 陈丹青：《笑谈大先生》，广西师范大学出版社2011年版，第91页。

② 据《村居日记》记载，1927年1月，郁达夫与朋友看电影5次（其中一次跟王映霞），听戏4次，看舞蹈1次。

上和赤俄艺术相接触的头一次。……舞蹈的形式，都带革命的意义，处处是“力”的表现。以后若能常和这一种艺人接近，我相信自家的作风，也会变过。①

1927年以后，社会民众的贫富差别、地位殊异及“阶级”分化日益突出，新兴城市尤其是上海这样的大都市，各阶层间矛盾、对立、肃杀、利用……种种关系也随之产生，文化生态可谓色彩斑斓，与此相应的文学生态也在“与时俱进”——这其中，就包含“阶级文学”或“社会文学”的应运而生。这些作品往往以叛逆的、反抗社会既定秩序的方式出现，从而获得社会底层民众和“时代青年”的拥趸和青睐。可见，“力”的文学在当年，作为海派文化的一种，不仅有作者的追随，也有读者（观众）的追捧，是两者合力的结果。连郁达夫这样浪漫多情的小资作家，都表示要为“力”的文学而改变“自家的作风”，可见这个阶段左翼文艺的感召力。

与绝大多数高度关注社会公共事务的现代知识分子一样，郁达夫也是一个有政治抱负的文人。早在1923年5月，郁达夫就写下了《文学上的阶级斗争》这样政治意味十分鲜明的论文，呼吁“世界上受苦的无产阶级者，在文学上社会上被压迫的同志……结成一个世界共和的阶级，百屈不挠的来实现我们的理想”②。据郭沫若判定，“最初在中国的文艺界提出了‘阶级斗争’这个名词的怕就是达夫”③。那个时候，郁达夫结识鲁迅不久，正在上海主持创造社编务。这段时间里，郁达夫写下了《茑萝行》《春风沉醉的晚上》《落日》《离散之前》这样一些集中关注都市闯入者或底层失业者遭遇命运的虚构作品；同时也有大量文论文字，从方方面面思考文学上体现出来的理论问题、政治问题、现实问题，其中就

---

① 郁达夫：《村居日记》（1927年1月1日）。《郁达夫全集》第5卷，浙江大学出版社2007年版，第62页。

② 郁达夫：《文学上的阶级斗争》，《郁达夫全集》第10卷，浙江大学出版社2007年版，第45页。

③ 郭沫若：《创造十年》，《郭沫若全集》文学卷第12卷，人民文学出版社1992年版，第170页。

包括文学上的阶级斗争问题、文学与国家的问题、批评与道德的问题等，两相对照，我们既可以体会诗人对于底层民众那种高贵的同情，更能够感知作家对现实社会、对现实中国的那种深深的关切。

后来在上海，郁达夫却经历了一些变化，一些选择。他先是创造社主力，后与创造社“决裂”；先加入左联，后又被开除；曾定居上海，终移家杭州，最后撤离上海——我们该怎样来解读这样一种从海派文化、先进文化的撤退和逃离？

这个情形似乎跟鲁迅有很大差异。鲁迅流离半生，最后选择上海作为其文学生命的最后一站，在租界——中国版图里的他国地盘——同居，生子，以笔为枪，著书立说。在享受生命和文字的“安全”的同时，更体现“民族魂”舍我其谁的霸气和不可撼易的伟岸。他没有被诱惑，更不致被“统战”，他巧妙地利用了上海这个都市的容量，在茫茫人海中独来独往，自来自往，如入无人之境，或像极了自己笔下的“无地”。陈丹青把它称作鲁迅的“世界主义”和“现实主义”；而以这里为文学起点的郁达夫，却在人过中年以后远离上海，南去杭州，再走南洋。此番辗转，体现出来的或许是“民族主义”和“理想主义”的精神气质——既是一名民族主义的战士，也是一位理想主义的诗人。这双重气质，使郁达夫的选择表面上与鲁迅截然不同。

但是我认为，郁达夫的撤离，与鲁迅的“安居”一样，未尝不是另外一种“坚守”。这个阶段的郁达夫人到中年，对文学和人生有了自己更坚定的信念和更理智的判断。他脱离创造社，因为此时的创造社已偏执到失去了理性；他请辞左联，亦因为左联看起来并非纯粹的文人组织。面对身边此起彼伏的机会主义“战士”，郁达夫意味深长地表示：“我不是一个战士，我只是一个作家。”于是，他远离经济、文化和文学中心的上海，南去杭州游山玩水，再走南洋编报办刊。虽然这样的行为，似乎在逃避当时“先进文化”的中心，在王独清们看来是“郁达夫底自甘堕落，谁也不能替他辩护”[①]。而事实上，无论鲁迅的留守，还是郁达夫的游走，其坚韧慎独、清亮高洁、不卑不亢的文人气质如出一辙——如果

① 黄人影编：《创造社论》，上海光华书局1932年印行，上海书店1985年影印版，第20页。

鲁迅是以浙东人的硬气直面滚滚红尘的上海，表现出既不合作亦不妥协、独战到底的士人气质；郁达夫则是以浙西人的明慧，巧妙脱身旋涡的中心，以远走高飞的姿态，去远离中心的边缘书写自己的意志和思想，同样是永不合作、永不妥协、独战到生命最后一息的快意人生。

所以，和鲁迅一样，在迅速发展的现代社会里，郁达夫亦表现出了现代文人对文学、自由、信仰和正义的坚守——这或许就是半殖民地人民最宝贵的精神和人格。

（2012年10月为上海市作家协会、上海巴金研究会讲座作）

四　郁达夫与杭州

杭州，在郁达夫的心头和笔端，是故乡而不是他乡，是家乡而不是异乡。除去不时出现在这里的郊游、访友、养病、写作的身影，郁达夫在杭州较长时间的生活，一是求学杭州的20世纪10年代，二是移家杭州的30年代。因为与杭州特殊的情感依连，郁达夫写杭州的文字，也与别处、与别人多有不同。

（一）杭州作为地理空间

对于杭州的自然山水，世界上或没有一位比郁达夫更欢喜、更热爱、更“知道”的作家了，正如郁达夫所谓“世界上更没有一处比西湖再美丽，再沉静，再可爱的地方”① 一样。甚至那些跟杭州有关的文字，竟可以直接以地名为题。或取景点，《花坞》《皋亭山》《玉皇山》之类，或直书《杭州》，都是全无装饰，全无限定，全无取舍，全无掩藏，似囊中取物，非郁文莫属；又旁若无物，如天下唯一。郁达夫对于家乡山水的这样一种豪迈和自得，或基于文朴所吟诵的龚自珍诗“踏遍中华窥两戒，

① 郁达夫：《里西湖的一角落》，《郁达夫全集》第3卷。浙江大学出版社2007年版，第291页。

无双毕竟是家山”（《纸币的跳跃》），这种原乡意念，这种情有独钟，这种舍我其谁，这种理所应当，让那些名不见经传的家乡山水，哪怕面对三山五岳、名川胜景，也毫不逊色，读来更是让人感觉诗人就如“家山”景物的发言人。

依了这样的身份，郁达夫写尽了杭州作为地理空间的娴静与和美，写尽了它的“沉着”（《北平的四季》）、“秀丽”（《杭州》）和“迷人骨”（《里西湖的一角落》）。诗人对西湖的爱，满溢在他的文字里。因为“杭州这一个地方，有山有湖”[①]，而“杭州的出名，一大半是为了西湖”[②]，西湖是“理想中的一个粉本”[③]。可谓写出了对西湖景致刻骨的爱；而相对于西湖的水，郁达夫似乎更热衷杭州的山，几可谓“如数家珍”。《半日的游程》《临平登山记》《超山的梅花》《皋亭山》《龙门山路》《城里的吴山》《玉皇山》，加上《迟桂花》里写到的五云山、翁家山，《十三夜》里的葛岭，《蜃楼》里的宝石山，杭州城内及周边所有的山几乎都入了诗人的笔端，激发着诗人的诗情和文采。

于是，郁达夫笔下许多神秘的故事、感伤的爱情，都发生在杭州的山水之间，比如《清冷的午后》，比如《十三夜》，比如《蜃楼》，比如《迟桂花》，这些人物和故事自与杭州山水相得益彰。

作为杭州标志性的地理空间，成就了杭州与众不同之美的，是自然山水的绮丽清幽与尘世文明之喧嚣混浊的相互参照、相互渗透。杭州真是一个“三面湖山一面城”的人间天堂，典型地体现了城与山水、人与自然的和谐。最懂西湖山水之佳的郁达夫，即做到了将虚构故事与杭州山水的完美结合。这类作品，或可以《十三夜》和《迟桂花》为代表——《迟桂花》得益于西湖的清和秀丽，一个爱情故事在西湖山水间滋生，纯净得似不食人间烟火；《十三夜》则神奇灵异，依托的是西湖幽深玄幻的另一面。这是一个以“里西湖的一角落”——西湖和葛岭为背景的“鬼”故事，通篇都是偶遇、巧遇加奇遇，在郁氏小说中独一无二。

① 郁达夫：《住所的话》，《郁达夫全集》第3卷，浙江大学出版社2007年版，第224页。

② 郁达夫：《杭州》，《郁达夫全集》第4卷，浙江大学出版社2007年版，第88页。

③ 郁达夫：《福州的西湖》，《郁达夫全集》第3卷，浙江大学出版社2007年版，第297页。

夜半湖边，月黑风高，西洋画师几遇白衣女子，美艳凄绝，又神秘撩人。这是一次奇特的写作，作家自称是“骸骨迷恋者的一种疯狂的症候”[①]，但认真地来讲，西湖这颗跌落凡间的明珠，身处红尘又像遗世独立，旁近城市又能清幽自许，这样的天人合一，又何尝不能通连梦境、幻境和灵境，展开亦真亦幻、亦人亦鬼的凄美故事，启迪人生苍茫、世事无常的感慨呢？

但同时，杭州的地理空间，并不只有美丽和柔静的一类气质，杭州的山和杭州的水，也有让诗人在顶礼膜拜之余、在留恋赞叹之余进行思考、展开质询的时候。他说他“终觉不得不对杭州的山水，再来一两句简单的批评。西湖的山水，若当盆景来看，好处也未始没有，就是在它的比盆景稍大一点的地方。若要在西湖近处看山的话，那你非要上留下向西向南再走二三十里路不行”[②]。这说的就是杭州山水的局促、空间的狭小，精致有余，而大气不足。鲁迅也曾讲过，“杭州的市容，学上海洋场的样子，总显得小家小气，气派不大。至于西湖风景，虽然宜人，有吃的地方，也有玩的地方，如果流连忘返，湖光山色，也会消磨人的志气的”[③]。这一说法不是没有道理的。这样的空间形态，从某种程度上造就了“杭州人”的文化性格。

（二）杭州作为人文空间

作为一个社会空间，作为社会种群在其中居住、谋生、交往和人际互动的空间，人们生存的城市应该是一个充满了意义的人文世界，是展示人性真谛和培育人性成长的空间，是集中呈现区域风土人情的空间。那么，在郁达夫笔下，杭州是一个怎样的人文空间呢？

对杭州和杭州人而言，郁达夫既是一个局内人，也是一个局外人。他出生的富阳，广义上地属杭州，但又与杭州有相当的距离；他移家杭州，想叶落归根，而一生又屐痕处处，多的是异乡漂泊与流浪的经验。

---

① 郁达夫：《里西湖的一角落》，《郁达夫全集》第3卷，浙江大学出版社2007年版，第294页。

② 郁达夫：《杭州》，《郁达夫全集》第4卷，浙江大学出版社2007年版，第92页。

③ 川岛：《忆鲁迅先生一九二八年杭州之游》，《人民文学》1956年第9期。

所以，一方面“大家似乎已经把我看成了杭州的管钥，山水的东家”[①]，另一方面独具更宏阔的视野和更理智的思维。正是这一亦近亦疏的双重身份，成就了郁达夫对杭州的见地的一针见血，入木三分。

《花坞》，写西溪的清幽深邃、恬淡婉慢，却是十年前的美好记忆，“十余年后的现在”，花坞却处处受了“欧洲的下劣趣味的恶化”，正如“一位素朴天真，沉静幽娴的少女，忽被有钱有势的人奸了以后又被弃的状态”；《杭州的八月》，写八月十八钱塘江的潮讯，却发现“杭州的住民，直到现在，在靠这一次秋潮而发点小财，做些买卖的，为数却还在不少哩!”《婿乡年节》则是杭州人旧历过年时用力过度的请客吃饭讲排场，硬着头皮撑门面，搞得让人“想起了王小二过年的那出滑稽悲剧”，拿杭州人最自以为是的年节风俗开涮……这样冷静的发现和品评，在郁达夫笔下的杭州比比皆是。

对杭州和杭州人最详尽和到位的描述和分析，集中在《杭州》一文中：

> 意志的薄弱，议论的纷纭；外强中干，喜撑场面；小事机警，大事糊涂；以文雅自夸，以清高自命；只解欢娱，不知振作等等，就是现在的杭州人的特性……杭州人只晓得占一点眼前的小利小名，暗中在吃大亏，可是不顾到的。等到大亏吃了，杭州人还要自以为是，自命为直，无以名之，名之曰“杭铁头”以自慰自欺。生性本是勤而且俭的杭州人，反以为勤俭是倒霉的事情，是贫困的暴露，是与面子有关的……[②]

简直是一篇《丑陋的杭州人》。

杭州人如许不堪的性格，在郁达夫看来，跟它的历史有关。

> 当杭州这一块陆土出水不久，就有些野蛮的，好渔猎的人来住

① 郁达夫：《杭州》，《郁达夫全集》第4卷，浙江大学出版社2007年版，第89页。
② 郁达夫：《杭州》，《郁达夫全集》第4卷，浙江大学出版社2007年版，第90页。

了，这些蛮人，我们就姑且当他们是杭州人的祖宗。吴越国人，一向是好战、坚忍、刻苦、猜忌，而富于巧智的。自从用了美人计，征服了姑苏以来，兵事上虽则占了胜利，但民俗上却吃了大亏；喜斗、坚忍、刻苦之风，渐渐地消灭了。倒是猜忌，使计诸官能，逐步发达了起来。……不久南宋迁都，固有的杭州人的骨里，混入了汴京都的人士的文弱血球，于是现在的杭州人的性格，就此决定了。[①]

还跟它的地理有关。

人家说这是因为杭州的山水太秀丽了的缘故。西湖就像是一位“二八佳人体似酥”的狐狸精，所以杭州决出不出好子弟来。[②]

当然，这是基于历史地理文化角度的考量，它有研究、探讨、追根溯源的成分。这个时候的郁达夫，是站在杭州之外对这一特定空间里人群的古往今来做着科学的理性的辨析的“局外人”；但更多应该基于身为“杭州人”的自我体验，基于对“杭州人”的感性、直观的接触和观察。如此双重身份、二维角度，让郁达夫笔下关于杭州的“人文空间”——一个由并不如许美妙的杭州人的文化性格、民情风俗构成的人文空间，看起来颇有歌舞升平、暖风熏人的汴梁遗风。

散文《杭州》写在 1934 年 3 月。其时，作者移家杭州不满一年，正“冒籍杭州”并视之为“婿乡”，日日面对杭州乡民，“对杭州人看了过不过去的地方太多”[③]，故将这篇“地方印象记”写成了对杭州人气质品性的评判。但据作者自己坦白，基本上是“爱之甚故不觉言之太激”[④]，可见诗人是出于纯粹的爱护之情发的“过激之言”。当然，事实是文章刊出

① 郁达夫：《杭州》，《郁达夫全集》第 4 卷，浙江大学出版社 2007 年版，第 89—90 页。

② 同上书，第 91 页。

③ 郁达夫：《说（勖）杭州人》，《郁达夫全集》第 8 卷，浙江大学出版社 2007 年版，第 171 页。

④ 同上。

以后，还是引发许多杭州人不满并“来函切责”。为辨是非，一年以后的1935年3月，郁达夫专门写下《说（勖）杭州人》一文，抄取古文，翻出“粉本”，以作挡箭牌，并为杭州人打气：“杭州人当思所以自拔。”所以，这篇文字以两个动词（说、勖）并置的特殊标题，表明郁达夫对杭州人，既有“说”，责备，数落，埋怨，批评；也有“勖”，勉励，鞭策，敦促，鼓舞——真的是苦口婆心。

许是基于这样的认识，郁达夫写了颇有些让人费解的《杨梅烧酒》。两个多年不见的朋友为争付酒账大打出手，甚至惊动到进了警署。这样无厘头的故事竟发生在西湖边。的确，“人物与环境的关系就多少有些游离”①——酒鬼和西湖，实在是有点不相干、不相衬。但是，如果了解了郁达夫对杭州人的上述恳切而真实的“过激”之词，那么这个故事里穿着“肩头上有补缀的一件夏布长衫”和“背脊里已经有两个小孔”的汗衫，拿着一个月16块钱的薪资，却在盘算用“五千五百元的资本”造一间玻璃工厂的老同学，不是把杭州人爱面子、撑场面的个性活活摹画出来了么？所以，我倒是觉得，人物正是这样一个环境里的人物，不多一厘，不少一分。较晚作的《迟暮》也有类似的意思。这部抵杭不久写的小说，前半部分基本是作家本人移家杭州的一个纪实，后半部分才展开稍有情节的虚构。故事里，早年风流羞涩的抒情诗人，清高孤傲的青春少女，都在游游西湖、吃吃点心、带带孩子、筹筹柴米油盐的日子里，变作了“上了轨道”的激情寡然、兴趣索然的中年男女——是被西湖的湖光山色打磨出来的。

所以，我们不妨认为，杭州不单是有“西湖”（地理空间）的杭州，也是有由西湖养育的“杭州人”（人文空间）的杭州。郁达夫写出了杭州地理的美丽和清净，更表达了对培育杭州人性格的城市人文空间的关注。

（三）杭州作为公共空间

更多的时候，城市代表了一种公共空间（Public Space），是社会、经济、历史、文化的物质载体，昭示着城市特有的意味和色彩。无论是广

① 张欣：《郁达夫小说“浙味”说》，《文艺报》2012年6月18日。

场、街道、商厦，还是影院、歌厅、公园……都将是作家读取城市、解析城市的有效符码；许多城市特有的质地，也通过其公共空间得以向众人展示。反过来，作家对于公共空间的偏爱和取舍，也能向我们透露不少关于其写作的信息。

比如在当年的上海，左翼作家们热衷于弄堂、书店、亭子间、地下咖啡馆这样的公共空间，把一种热烈的、反抗的波希米亚风格烙刻在文字里，颇吻合其革命的、激进的视野和叙事风格；而现代海派文人则更多关注歌舞厅、跑马场、游乐园、电影院、商厦、酒店、公园、公寓这些都市空间，字里行间则都是布尔乔亚的艳歌。

在郁达夫的杭州书写中，我们注意到他的主人公对杭州这座城市公共空间的流连，经常是这样两类：一类是车站、码头、旅社。所谓“车窗马背、客舍驿亭”（《迟暮》）的生活，被如实记录在诗人的行迹里，表达着思乡怀远的急切和行色匆匆的风雅。粗粗看去，这类城市空间，除去游记、散文，在郁达夫杭州背景的几乎全部小说，《清冷的午后》《杨梅烧酒》《十三夜》《蜃楼》《她是一个弱女子》《迟桂花》《瓢儿和尚》里，都有出现。1933 年移家杭州之后完成的《迟暮》似是唯一的例外。这个信号或许是，定居杭州，是作家主观里告别“车窗马背、客舍驿亭”的生活，准备终老故乡、叶落归根的真实心愿，而最后竟也是事与愿违。实际上，“车窗马背”远不如郁达夫的宿命，甚至杭州新造的居所，也被名为“风雨茅庐”，满是飘摇零落之沧桑。所以，车站、码头、旅社，正是郁达夫这样流离一生的行吟诗人特别敏感和钟情的一类城市空间；而杭州也正可以以它柔美亲和的湖光山色，成为郁达夫和他笔下的人物最留恋的往来和停泊之地，并且为漂泊动荡、云游四方的游子接风洗尘。

另一类则是庵堂、寺庙、医院，几部比较另类的郁氏小说，《十三夜》《蜃楼》《瓢儿和尚》，对此都有所涉及。

庵堂、寺庙、医院三者，看似并不相及，但却都是人的身体和灵魂的休养调适之所，是郁达夫笔下那些“流浪者”“闯入者”“零余者”特别需要的精神家园。《十三夜》里，为寻“梦里的女人”，或者大而言之，为寻梦中的理想，画家陈君“从台湾到东京，从东京到中国”，终于在月光明媚的西湖边上，依稀捕捉到一位美丽娇羞的白衣女子，他不顾一切跟着女子翻进题有“云龛”两个大字的尼庵……虽然被一声“山鸣谷应的长啸声”吓出好几个寒战。虽然，画师不久便在杭州病故，但我们仍愿意相信，那一刻，他学生时代的旧梦该是得了了却了的——葛岭山脚“云龛”亭下的坟茔里，营葬的正是明代一位诗书画三绝的奇女子。对一个来异乡寻梦的人而言，这样的无常，未尝不是一种圆满。

《蜃楼》的故事发生在松木场山上的隔离医院。寂寞空虚到偏执的肺病患者陈逸群，每每会“寻根究底的解剖起自家过去的生活意思”来：“自己的一生，实在是一出毫无意义的悲剧……啊啊，空，空，空，人生万事，终究是一个空！”但是，在医生和看护的照料下，陈逸群不仅健康了身体，而且冷静了头脑，重新抖擞精神，回到了安然的生活状态里。虽然故事没有讲完，但这一段医治的经历，却已经有了圆满的结果：

> 面对着了这大自然的无私的怀抱，肩背上又满披着了行程刚开始的健全的阳光，呼吸了几口深呼吸后，他的恢复了平时的冷静的头脑，却使他取得了一种对自己的纯客观的批评的态度。

《瓢儿和尚》更为典型。这是郁达夫小说中唯一一个完全以寺院僧人为主体的作品。讲述一个曾经征战情场和沙场、为世俗所困的老同学秦国柱，在西湖之滨潜心修经，而得了清闲自在、安静平和的生活的故事，还成了远近乡邻的朋友。“说起瓢儿和尚，是这四山的居民，没有一个不晓得的。他来这里静修，已经有好几年了。人又来得和气，一天到晚，只在看经念佛。看见我们这些人去，总是施茶给水，对我们笑笑，只说一句两句慰问我们的话……”生活得实在是一个无忧无虑、心安理得。小说最后，“我”把这段“西湖佳话”中的瓢儿和尚，比作坐禅灵隐寺为人点拨迷津的骆宾王，许是多有认同和赞赏吧。当年向宋之问贡献“楼观沧海日，门对浙江潮”一联的骆宾王，是怎样的一位通达、高明之世外高人啊！

（四）杭州作为一个人的空间

从郁达夫写杭州的文字，我们可以看到，郁达夫笔下的杭州很真实、很立体。杭州的自然山水、人文环境和城市气质，通过郁达夫的文字，得到了别样的存留和再现；那么，杭州于郁达夫，又是怎样的关联、怎样的意义和作用呢？

郁达夫离沪赴杭，向来是一个引人瞩目的事件。在考察郁达夫与上海的过程中，我试图作过一种角度的解读。这里，我们不妨从郁达夫与杭州的关系，再作一番猜想。先来看看郁达夫在《杭州》一文中的如实相告。

> 我的来住杭州，本不是想上西湖来寻梦，更不是想弯强弩来射潮；不过妻杭人也，雅擅杭音，父祖富春产也，歌哭于斯，叶落归根，人穷返里，故乡鱼米较廉，借债亦易，——今年可不敢说，——屋租尤其便宜，铩羽归来，正好在此地偷安苟活，坐以待亡。

类似举家迁杭的原委，郁达夫在不止一处重申过，比如散文《移家琐记》，比如小说《迟暮》。细细读来，这里应该有好几层意思。第一个层面，我们可以看到：

“本不是想上西湖来寻梦”。西湖美得让人沉醉，郁达夫自是情有独钟；但郁达夫偏偏也看到了杭州许多“过不过去的地方”。他不吝于赞赏西湖的“美”，也不刻意避讳杭州的“俗”。所以，对于杭州，郁达夫不是一个廉价的赞美者和饕餮的享受者，他始终是一个清醒的、善意的观察者和批评者。

“更不是想弯强弩来射潮”。从上海这座文化重镇撤离，本就意味着与时局、与政治产生距离。他不愿做标榜先进的战士（Fighter），只想做记录时代的作家（Writer）。移家杭州三四年，他游游山，玩玩水，写写自传，谈谈文学，闲来拉拉关于杭州的家常。这段时间尤其成了郁达夫游记写作的高产期，全部34篇游记中的23篇就写在这个时候，郁达夫像煞一个游山玩水、不“射”时政的“山水的东家”。

“不过……叶落归根，人穷返里”。前者当是人之常情。人过中年，告老还乡，无疑合情合理；后者亦是世之常态。时杭州物价仅上海的一半，寻求更小压力的生活，亦是合理合情；更何况像郁达夫这样被左右翼文坛双双排斥、无法融入任何一个群体的“零余”之人！

但是，如果能再进一步，我们感受到的则可能是另外一个层面。

郁达夫该是想来杭州寻梦而不得。正如《十三夜》里那个画师陈君，从遥远的日本赶来人间天堂，找寻他“梦中的女人”，可现实并未让他如愿以偿，理想永远只在恍惚的梦境和缥缈的幻觉中，以至最终积郁成疾、客死他乡。郁达夫乱离一生，这样的抑郁、辛酸和苦闷已品尝经年，他未尝没有在杭州这个故乡找寻精神依托的意思，完成叶落归根的夙愿。但是杭州历史地理养育的风土人情让他小有遗憾和失落。后来，他把梦和希望托付于小说里那些可称为生之宿命或精神家园的地方，通过意味深长的“公共空间”，求慰藉，得寄托。

郁达夫该是不弯强弩也射潮。郁达夫的离沪有“出世”的意味。上海滩上，文学队伍本就流派纷杂，白色恐怖和红色革命并从左右两道同时挤压作家们的阵地。郁达夫同情无产阶级，自获右翼势力“警告”；郁达夫力主自由写作，又遭左翼文坛驱逐，于是移家杭州，几乎做成了“游记专家”。这一抉择多少与沪上际遇脱不开关联。当然，我们也看到，即便是游记，郁达夫也能在山水游记中植入对现实、对时政的思考，这是一种不动声色的、不弯“强弩”的批判。所以，他的“出世之举”堪称特别，他的“入世之心”却仍天地可鉴。

四年以后，因为一场民族战争，不是“战士”的郁达夫上了战场。他去前线劳军，他到南洋办报，终至叶落而不归根。他没有移家杭州时轻描淡写的那样，“在此地偷安苟活，坐以待亡”，他成了世界反法西斯战场上一名最为人纪念的战士。

所以，杭州，因为在一个特定的时间接纳了一位“铩羽归来”的游子，为他接风洗尘，容他游山玩水，听他说三道四，也替他重整旗鼓，让他义无反顾地踏上追求梦想和守望的征途，而成了郁达夫一个人的空间，一个人的城市。

（2013 年 12 月为上海市作家协会、上海巴金研究会讲座作）

五　郁达夫与国立浙江大学

1933年移家杭州以后，郁达夫居于大学路场官弄附近，一个“前有图书，后有武库”[①] 的地方，先是借住，后又在此买地，自建“风雨茅庐”。这里紧邻“国立浙江大学”，恢宏典雅的浙江图书馆亦落成不久。现在回想，这样一个地方，简直是为郁达夫量身打造的，让他在整日游山转水之余，会会友，聊聊天，读读书，写写文，远离政治与争执，回归自然与自我。如果不是各种家国风云，经历了文坛和政坛多重是非的郁达夫此番“铩羽归来”[②]，是决意在这里终老余生，完成叶落归根的俗愿的。

2007年，浙大百年校庆期间，郁达夫被认定为浙江大学校史上百名“文科名家”之一，但在校方为其所作的介绍里，郁达夫与浙大的联系似仅限于之江大学预科学习的经历。这肯定不够充分。因为作为“浙大学子”，郁达夫未免有些勉强，诗人当年就读的预科，充其量只是崇信—育英—之江这一办学机构的中学部；而作为“浙大学者”，郁达夫则可以名至实归。

众所周知，在创作之余，郁达夫曾就诗、小说、戏剧、散文、游记、日记、传记文学等各类文学体裁作过专门的论述，对文学上的阶级斗争问题、文学与国家的问题、批评与道德的问题等文学话题，也有过深入的理论探讨；而回国以后，他从事最多的职业就是大学教师。定居杭州之前，郁达夫先后在安庆、北京、武昌、广州、上海等地多所高校任教，讲授英文、德文、统计学、文学概论和中外文学等课程，上海艺术大学甚至“学生全体，想拥戴我做他们的校长”[③]，“学术生涯”可谓长矣，“学术领域”可谓宽矣，“学术声望”亦可谓足矣。故移家杭州当年，他

① 郁达夫：《移家琐记》，《郁达夫全集》第3卷，浙江大学出版社2007年版，第174页。
② 郁达夫：《杭州》，《郁达夫全集》第4卷，浙江大学出版社2007年版，第88页。
③ 郁达夫：《新生日记》，《郁达夫全集》第5卷，浙江大学出版社2007年版，第127页。

就应私立之江文理学院之请，担任国文系文学课教员，并为师生作学术讲座；福州回杭间隙，还在浙江大学作关于鲁迅先生的公开演讲，与浙江大学具有特殊的渊源。

（一）之江学子：那三个月的荒野驰骋

一个多世纪前的1912年9月，郁达夫转入之江大学预科读书。此前，他考进杭州府中，辗转就读嘉兴府中后，又来到杭州府中，开学不久却遭遇辛亥政权变更，学校停办。居家自学半年后，郁达夫进了秦望山脚新落成不久的之江大学。据浙江省档案馆藏1937年《私立之江文理学院简况　校史1845—1937》和1946年《私立之江大学成立百年表纪》，这所学校有一个“自小学而中学大学”[①] 的非常经历。之江大学的前身，即1845年基督教美北长老会创立于宁波的“崇信义塾”[②]，一所“男孩寄宿”小学校。1867年迁杭州皮市巷、塔儿巷，改称“育英义塾”，从小学升格为中学，因有“高等教育计划”，而于1868年更名“育英书院”，并分“正预两科”。1890年，“时八股初废，国人倾向西学，负笈求学者日增”[③]，书院增设英文科，并购理化实验设备，“提倡科学教育”，深受当时知识界之赞誉。1897年书院“得差会核准，筹设大学”[④] “始有设大学之议”[⑤]，并更名为“杭州长老会学院”（Hangzhou Presbytrerian College），为“浙江省内第一个新式的高等学府”[⑥]。1907年，江干六和塔西秦望山二龙头600余亩荒山上开始新建校舍。1911年2月，新址启用，书院也因居“之江”之畔而更名之江学堂，“复更名之江大学”“设文理两科，学制悉照新章”[⑦]。1921年施行新学制，分文理两科授予学位。1931年，再更名私立之江文理学院，“并授毕业生文、法、教育、理、工

---

① 据1937年《私立之江文理学院简况　校史1845—1937》，浙江省档案馆藏。

② 1946年《私立之江大学成立百年表纪》中作“崇义学塾”。

③ 据1937年《私立之江文理学院简况　校史1845—1937》，浙江省档案馆藏。

④ 同上。

⑤ 据1946年《私立之江大学成立百年表纪》，浙江省档案馆藏。

⑥ 沈弘：《“求是”岂能忘“育英”？——兼论杭州育英书院的文化遗址保护》，《文化艺术研究》2011年第2期。

⑦ 据1937年《私立之江文理学院简况　校史1845—1937》，浙江省档案馆藏。

等学士学位”[①]。1952年院系调整后被拆分，工学院并入浙江大学、同济大学等，文学院、理学院各系并入复旦大学和新成立的“浙江师范学院”，即后来的前杭州大学，亦今浙江大学一部分——这一段沿革，表明当年的之江文理学院与今天的浙江大学有着难以分割的紧密关联。

郁氏入学那一年，之大档案上重笔记载的是1912年12月10日总理孙中山参观之大校园并作演讲，及与全校师生合影一事。其时，之大有教员11人，学生157人[②]，照片看起来殊为壮观。按理，那张流传甚广的合影上应该有9月入学的郁达夫的影子。但事实是，这个时候的郁达夫因参与有关膳食问题的闹事，正接受校方处理。之大本就是教会学校，校长也是美北长老会的传教士。新迁校址后，“基督教徒之教职员和学生人数激增”[③]，教会式管理与中国“熊孩子”之间的冲突也开始显现。于是这场闹事就被校方作为严肃校纪的典型严加处理。孙总理访问那天，住在校外江边海月桥同学家的几位闹事者还一起潜回学校偷看。但郁达夫最终还是被学校开除。于是，虽然自称曾在这里“度过半年学生生活”[④]，但事实上，郁达夫在这里就读的时间不过三个月。

（二）《半日的游程》：郁达夫的之江情结

20年后的1932年10月，郁达夫来杭州养病、采风、写作，一个人在杭州闲居了一个多月，完成了名篇《迟桂花》和《碧浪湖的秋夜》。此间，某个“秋晴的午后”，他从海月桥一直“朝西的直上”，上“之江大学的山中”作了“半日的游程”。在那篇作于1933年5月——定居杭州一个月后——的著名游记散文里，郁达夫细细描述了20年间他眼里之江校园景物的变迁：山腰添造了住宅，空地变成了球场，荒山筑起了“文库”，“当时只同豆苗似的几根小小的树秧，现在竟长成了可以遮蔽风雨，可以掩障烈日的长林”，不让人不慨叹这“二十年的岁月”，也更怀念从

① 据1937年《私立之江文理学院简况　校史1845—1937》，浙江省档案馆藏。

② 同上。

③ 同上。

④ 郁达夫：《半日的游程》，《郁达夫全集》第4卷，浙江大学出版社2007年版，第31页。

前那个“在这些荒山野径里驰骋过的毛头小子”[①]。

看得出，郁达夫对之江是有感情的。故地重游之时，当年熟悉的都克堂、东斋、西斋、红房子、绿房子、白房子都已掩映在浓荫绿树丛中，图书馆、科学馆新落成启用，之江校园更显得生气勃勃。加之经济学家李培恩掌校不久，之江进入它最重要的发展“中兴期”。中哲史大家钟泰、国学大师徐昂、一代词宗夏承焘、经济学家胡继瑗等诸多贤达，都被之江延揽，他们共同铸就了之江文理学院的辉煌和影响。这段“文理学院”时期，也是之江办学史上的鼎盛时期。

郁达夫后来的任教之江，正是在这段时间。在《半日的游程》里，一个不为人注意的细节是，他此行是来突袭一位他“上下年纪的小学校的同学”[②] 胡君的——

> 我的此来，原因为在湖上在江干孤独得怕了，想来找一位既是同乡，又是同学，而自美国回来之后就在这母校里服务的胡君，和他来谈谈过去，赏赏清秋，并且也可以由他这里来探到一点故乡的消息的。[③]

此前的10月13日，客居杭州不久的郁达夫就曾给这位“同乡胡君”作过一书，[④] 该是就此得了联络；后来这一路，自然就成了这两位同乡同学的赏秋之程。但隐藏在背后的，则像是埋下了郁达夫日后被聘为之江文理学院国文系教员的一个线索。

之江学子陈从周在《郁达夫早年经历》一文中透露，郁达夫之至之江文理学院国文系“任教”，是经了其乡人、经济系教授胡继瑗的推荐。

① 本段引文均见郁达夫《半日的游程》，《郁达夫全集》第4卷，浙江大学出版社2007年版，第31—32页。

② 郁达夫：《半日的游程》，《郁达夫全集》第4卷，浙江大学出版社2007年版，第32页。

③ 同上。

④ 郁达夫：《沧州日记》，《郁达夫全集》第5卷，浙江大学出版社2007年版，第322页。

胡与郁“少时同学，且有戚谊”[①]“既能诗词，又工书法”[②]，其时乃经济系主任。杭州解放时，校长李培恩从辞，胡继瑗还是临时成立的之大五人“校政委员会”成员之一。[③] 想来，这位荐举郁达夫的乡人，就是一年前与郁达夫同游九溪的“胡君”了。据私立之江文理学院 1934 年 7 月呈教育部备查之《二十二年第一、二学期新生名册及送伪教育部审核呈文底稿并附教职员名册》教师名录册页上，胡继瑗的名字就列于郁达夫右。胡时年三十七，小郁达夫一岁，一周 12 小时课，身为主任和教授，月薪 420 元[④]。

尚不知胡君何时何方法说动了李培恩聘任一位新文学作家，也不知胡君何时何方法说动了郁达夫出山任教，总之，1933 年 4 月，郁达夫移家杭州；9 月，任教私立之江文理学院国文系。

（三）在之江开课：“惊动了不少学生”

与写作相比，讲学不像是郁达夫的擅长。读《茑萝行》和《芜城日记》，我们都能看到尽管郁达夫非常投入，每天花“四点钟讲义”加“八点钟的预备”[⑤]，一天十二点钟的劳动在备课和教学上，但还是直言教书并不是自己最喜欢的职业，他向妻子抱怨“教书的如何苦法”，坦陈自己“如何不愿意教书”[⑥]。好在在之江郁达夫讲文学，他手到擒来的物事。在学生们的回忆里，郁达夫的之江课堂，还是颇有特色的。

而况其时，郁达夫早已经是一位文名卓具的作家，写小说，吟旧诗，出日记，作闲谈，包括热闹异常的恋爱婚姻，样样都引起社会人等尤其是青年男女的关注甚至效仿。这样一位知名人士加盟之大课堂，对之江学子，无疑有着无与伦比的号召力，慕课蹭讲的队伍就比较壮观。据与郁达夫交谊颇深的马来西亚华文作家温梓川在《郁达夫别传》里的描述，

---

① 陈从周：《郁达夫早年经历》，《梓室余墨》卷三，生活·读书·新知三联书店 1999 年版，第 247 页。

② 陈从周：《老师和笔砚》，《帘青集》，同济大学出版社 1987 年版，第 118 页。

③ 据 1937 年《私立之江文理学院简况　校史 1845—1937》，浙江省档案馆藏。

④ 据 1933 年度《私立之江文理学院教职员一览表》，浙江省档案馆藏。

⑤ 郁达夫：《芜城日记》，《郁达夫全集》第 5 卷，浙江大学出版社 2007 年版，第 34 页。

⑥ 郁达夫：《茑萝行》，《郁达夫全集》第 1 卷，浙江大学出版社 2007 年版，第 256 页。

郁达夫开课，除“文学系本系必修同学，别系选修的和旁听的同学也有二十多人，足足挤满了一个教室”[①]。时国文系学生张白山《我所知道的郁达夫》也提到，郁达夫讲课“惊动了不少学生”[②]。这样的情形，想也是正常的。据《闽游日记》记载，福州期间郁达夫曾各处演讲10余次，多数情况是“来听的男女，约有千余人，挤得讲堂上水泄不通。讲完一小时，下台后，来求写字签名者，又有廿四五人，应付至晚上始毕”；[③] 1936年12月2日，郁达夫在日本东京神田区日华学会为留学生演讲，萧红11月24日就买好了票：“会场不大，差一点没把门挤掉下来，我虽然是买了票的，但也和没有买票的人一样，没有得到位置，是被压在了门口，还好，看人还不讨厌。”[④]

郁达夫在之江开的课，几位学子提到的课程名称说法不一，王自立、陈子善《郁达夫研究资料·郁达夫简谱》中持“比较文学”说，似较符合之江文理学院一向的教会学校定位。但查《私立之江文理学院一览 学程说明 国文学系》，则可能性较大的课程似只有《文学概论》：“本学程说明文学之内质与外形，参照从前文学批评家之理论，作有系统之叙述，俾学者对于中国文学有深刻之认识。每星期授课二小时。”[⑤]

温梓川回忆，郁达夫讲授世界文学史，“从荷马到伊利亚特讲起，把世界文学史随意地划分几个时间，再从每一个时间中抽出三五种有代表性的名著介绍一遍”，而且“他的许多见解，还是很平常和稳健的，也没有迎合教会的心理”[⑥]；而张白山则说，郁达夫课上讲授内容多为19世纪欧洲文艺思潮和文艺批评，还从西欧文学讲到中国古代文学，从弥尔顿的诗歌联系到陶潜的《闲情赋》[⑦]。两相比照，并无很大出入，让人联想郁达夫的课，中西、古今文学理论参照叙述的学术视野是相当开阔的。

---

① 温梓川：《郁达夫别传》，宁夏人民出版社2006年版，第94页。

② 张白山：《我所知道的郁达夫》，《新文学史料》1983年第2期。

③ 郁达夫：《闽游日记》（1936年2月15日），《郁达夫全集》第5卷，浙江大学出版社2007年版，第410页。

④ 章海宁主编：《萧红全集》（诗歌戏剧书信卷），北京燕山出版社2014年版，第143页。

⑤ 《私立之江文理学院一览》，浙江省档案馆藏。

⑥ 温梓川：《郁达夫别传》，宁夏人民出版社2006年版，第95页。

⑦ 张白山：《我所知道的郁达夫》，《新文学史料》1983年第2期。

与这一阶段的教学内容相呼应，郁达夫此间发表的文艺批评文章有《查尔的百年诞辰》《查尔诞生百年纪念》和《静的文艺作品》等。前两者分别介绍澳大利亚诗人查尔和他的作品，后者则推崇西洋文学中“一种清静的遁世文学”，推崇梭罗的《瓦尔登湖》，推崇乔治·吉辛，推崇埃米尔·索维斯特。除去这个阶段的中外比较视野，这一“偏嗜”亦与郁达夫此时“于人生战场上休息下来，想换一换空气，松一松肩膀”[①]的心境颇为契合。

而更让大家记忆深刻的是，每次上课前，郁达夫总是认真备课，到处搜寻参考书，“有一次，竟为了涉及文艺批评，他的藏书偏偏又缺少这一方面的材料，还特地跑去上海两次，广搜穷索，仅仅找到一本 Saint Beure 的法文本……”[②]

可以想见，学子们之追捧郁达夫，或不唯其名家的影响力，其严谨的教学方法和学术素养也是为人敬重的。

（四）任教时间：一个学期还是两个学期？

从已有资料看，郁达夫的之江任教经历，在学者和回忆者笔下出现过两个不同的时间版本，笔者前些年撰写的一则随笔还将此二者并举[③]：一说是 1933 年秋冬学期。王自立、陈子善《郁达夫简谱》即持此说。云郁达夫曾在之江文理学院任教半年，“兼教比较文学史课程至年底”[④]，而这中间的 1933 年 10 月 2 日，还向之江文理学院师生作过《中国人的出路》的演讲[⑤]；另一说则是 1934 年 9 月。陈其强《郁达夫年谱》、张白山《我所知道的郁达夫》和温梓川《郁达夫别传》均持此说。言郁达夫在之江文理学院讲授“世界文学史”（一说“文学批评”），每周 3 个课时。本来授课两个学期并不值得大惊小怪，但问题是两个年谱都只记其一。所

---

① 郁达夫：《静的文艺作品》，《郁达夫全集》第 11 卷，浙江大学出版社 2007 年版，第 121 页。

② 温梓川：《郁达夫别传》，宁夏人民出版社 2006 年版，第 94 页。

③ 参见拙文《郁达夫与浙江大学》，《浙江大学报》2013 年 1 月 11 日。

④ 王自立、陈子善编：《郁达夫简谱》，《郁达夫研究资料》下册，花城出版社 1985 年版，第 818 页。

⑤ 陈其强：《郁达夫年谱》，浙江大学出版社 1989 年版，第 273 页。

以，究竟郁达夫在之江任教是两个学期还是一个学期？

在没找到更直接的证据之前，我们也注意到温梓川、张白山回忆里一个共同的细节，即郁达夫的课有始无终，来去如风，在开了近两个月以后便与学校、与学生“失联”。因被两名学子同时忆及，与郁氏自由率真的心性也有一定的吻合，这一细节当能采信，也可以辅佐我们对上述问题的考证。巧的是，郁达夫在1933年、1934年两个秋季都有长达一周以上的出行。据《杭江小历纪程》，1933年11月9日到15日，作者曾应杭江铁路局之邀作了一周的“浙东之行”；1934年10月20日到29日，《桐君山的再到》《南游日记》和《雁荡山的秋月》诸文，则记载了郁达夫有十余天的“天台雁荡之游”。如果这两次游历可以联想为郁达夫中断课堂的信号，那么，究竟是哪一年的游历让郁达夫放弃了之江的课堂，抑或两部年谱各阙如其一？一时似乎也很难判定。

不久前，在浙江档案馆查阅浙江近现代档案资料的过程中，偶然看到一份80年前存留下来的私立之江文理学院1933年“教职员一览表”，郁达夫的名字和包括年龄、月薪在内的详细数据赫然在列。这件档案显示，郁达夫至少曾于这一年9月受聘“国文系教员”，与夏承焘同事，每周4课时，月薪104元。[①] 据此，1933年郁达夫的任教之江一事有了可靠的档案支持。但这件档案也同时记载，郁达夫“于廿二年度（1933年）第二学期”就被学校解聘[②]。显而易见，如果温梓川们的记忆无误，这一解聘或与郁氏的自动离职有关。

但是，能否据此判断郁达夫仅只这一学期的任教经历呢？我们注意到，这一学年，档案保留的“一览表”记载之大有教职员工67人，其中教师41人。而这一年第二学期被解聘的教师，包括郁达夫在内，多达8名[③]，比例接近20%。可见当年高校教师的流动性、自由度之大，远非今人所能想象，解聘、受聘、解聘再受聘，这样的情况司空见惯。郁达夫早年在安庆法政专门学校，也是分别去了1921年、1922年两个秋冬学

① 据1933年度《私立之江文理学院教职员一览表》，浙江省档案馆藏。
② 同上。
③ 同上。

期。所以，这件档案可以证明1933年秋郁达夫的任教经历，但不足以证明1934年郁达夫不再另受聘约。也就是说，1933年被解聘的郁达夫次年是否再次受聘并任教之江文理学院，仍期待档案证据的支持。

可惜类似的“1934年教职员名录”似并不存在，基于回忆的那些叙述就陷入不能完全确定和真实还原的尴尬。幸运的是，后来在查阅之江文理学院上报教育部的1934年入学新生名单中，意外发现了一页抄有两列教工姓名的非正式清单，它像是一页备忘，按姓氏笔画抄录着60名教职员工的名字（这一年度之大有教职员68人[①]），也作了一些有意味的记号，基本包含了全体教职员工，但遗憾的是——其中没有郁达夫。[②] 这一件档案或可确认，郁达夫在之江大学任教的时间的确只是1933年度第一学期；而且，未必是到年底，恐怕真的是只有两个月。

（五）咫尺天涯：国立浙大的橄榄枝

自1933年4月移家杭州到1936年2月赶赴福州，郁达夫在杭州连续生活了将近三年。这三年里，他就居住在大学路“浙江图书馆侧面的一堆土山旁边”[③]，而这座后来浙大复员回杭后被移平填湖作运动场的土山，在当时学生看来，“要算是我们学校里最有趣的去处了”[④]。所以准确地说，郁达夫就住在国立浙江大学校内。那么，以新文学作家的名望和浙大近邻的便利，郁达夫是否为浙大讲座的常客？可惜，翻阅这段时间的几种“国立浙江大学校刊”，并无所获。

可见，尽管郁达夫近在国立浙大身侧，浙大对这样一位家喻户晓的诗人几乎视而不见；当然，作为交换，诗人似乎也没留下多少描述浙大的片文只字——甚至对身边的土山，也只说是“浙江图书馆侧面”，而不是更准确的“国立浙江大学校内”。

这真是一个值得回眸的现象。

---

① 据1937年《私立之江文理学院简况　校史1845—1937》，浙江省档案馆藏。

② 据《1934年度私立之江文理学院新生名册》，浙江省档案馆藏。名单按姓氏笔画排列，若得聘任，郁达夫应列在这60人名单之内。

③ 郁达夫：《移家琐记》，《郁达夫全集》第3卷，浙江大学出版社2007年版，第171页。

④ 棰枳：《土山剪影》，《国立浙江大学校刊》民国二十三年（1934）6月16日第177期。

1927年国民政府力推大学区制，在广州、武汉、杭州、南京和开封依次命名五所“中山大学”，凡中等以上专门学校均可并入其中。国立第三中山大学就是“以旧有之工专农专两校为基本”[①] 组建的。除农学院坐落在城东笕桥（1934年后迁太平门外华家池），工学院和后来的文理学院校址都在1897年创办中西求是书院的蒲场巷（即今大学路，1930年因浙大得名[②]）附近。“工学院三面环水，护成土山，风景优美”[③]，文理学院则在“前求是书院及浙江高等学堂旧址之东部”[④]，中断办学十余年的求是书院—浙江高等学堂旧址，又迎来了久违的书生。1928年，国立第三中山大学改称国立浙江大学，并增设文理学院，也始设“中国语文学门”。到郁达夫抵杭的1933年，新办不过五年的文理学院，尽管曾由邵裴子任院长，新诗诗人刘大白任中文门主任（他1932年就去世了），但发展刚始起步，1936年竺可桢上任前，“国文竟无一个教授”[⑤]，其于民间的影响力终不及办学已久、积淀日深、桃李满天下的之江文理学院。于是，郁达夫对这样一所年轻大学没有表达足够的关切，似也在情理之中。

其实，当年这所大学筹办之初，身在上海的郁达夫已经得到了消息。1927年3月27日，郁达夫在《新生日记》中写道：

> 浙江又有筹办大学的消息，我不相信昏迷下劣的杭州那些小政客，会把这计划实现。……讲到有气节的清廉的教育家，恐怕还一个也没有。办大学同设衙门一样，不过一班无聊的人，想维持自己的饭碗，扩张自己的势力，在阴谋诡计中间想出来的一个光明的题目而已。[⑥]

① 时任浙江省教育厅厅长陈布雷在国立浙江大学建校三周年活动上的讲话，参见民国十九年（1930）9月20日《国立浙江大学校刊》第23期。

② 参见《蒲场巷将改名大学路》，民国十九年（1930）5月3日《国立浙江大学校刊》第10期。

③ 据《二十一年度国立浙江大学概览》，浙江省档案馆藏。

④ 同上。

⑤ 竺可桢1936年3月9日日记，《竺可桢全集》第6卷，上海科技教育出版社2005年版，第36页。

⑥ 郁达夫：《新生日记》，《郁达夫全集》第5卷，浙江大学出版社2007年版，第139页。

显然，几年前筹办“杭州大学”的不了了之让人记忆犹新，郁达夫对浙地官员而不是教育家新办大学不抱热情也足够在理。这年5月29日，杭州养病期间，郁达夫“遇黄某于途，他告诉我浙江大学预备聘我来掌教”；之后，还专门去会“黄某”三次，却两次“被挡了驾”，对其“小人得志”的形态颇感不屑。[①] 尽管这个黄某不日回访郁达夫，但以郁达夫的个性，无论心中多有念想，对这个学校多半也会敬而远之。

另外，郁达夫移家杭州的三年里，国立浙大的校长是被学生“驱郭运动”下台的主角——郭任远。他本是一位年轻有为的心理学家，却在校长任上“颇思励精图治，而过于超切”[②]。这位动辄训斥教员，动辄开除学生，甚至动用武力逮捕赴京请愿的学生代表的校长，三年治理只落得学生闹事，教师辞职，浙大的声誉受到不小的影响。不巧的是，这位郭校长几乎与郁达夫同时出现在“国立浙江大学”的天空下。1933年4月郭出任浙大校长，郁达夫自沪抵杭；1936年1月底郭被驱逐离任[③]，郁达夫2月初即离杭赴闽，而下一任开明智慧的竺可桢校长，要到这一年的5月才宣誓就职![④] 在一位严苛的校长任上，郁达夫这样的“问题作家”[⑤] 自不会成为国立大学的座上宾；当然，如果郁达夫赶上竺可桢的节奏，浙大的橄榄枝会伸到他眼前吗？

（六）宣讲鲁迅：走上浙江大学的讲台

竺可桢骨子里是一位科学家，他最初为“文理学院”大力物色的院

---

① 参见郁达夫《五月日记》《客杭日记》，《郁达夫全集》第5卷，浙江大学出版社2007年版。

② 竺可桢1936年2月21日日记，《竺可桢全集》第6卷，上海科技教育出版社2005年版，第28页。

③ “据咏霓云，浙江大学教员与学生均不满校长郭任远，郭辞职，教部已有允意……”见竺可桢1月28日日记，《竺可桢全集》第6卷，上海科技教育出版社2005年版，第16页。

④ 竺可桢“长浙大事”于1936年4月7日由“行政院会议通过”，5月18日补宣誓仪式。但自3月起，竺已开始物色浙大各学院院长、教授人选，赴校内视察，召集校务会议等。据《竺可桢全集》第6卷，上海科技教育出版社2005年版。

⑤ 郁达夫1933年8月19日日记有称：“午后去图书馆看书报，见有许多国民党的杂志，全在抨击我的近作”，参见《郁达夫全集》第5卷，浙江大学出版社2007年版，第343页。

长是一位物理学家——胡刚复[①]；而其为浙大倾心延揽的文科学人也多为文史大家，马一浮、柳诒徵、梅光迪、张荫麟、钱基博、郭斌龢、张其昀、王驾吾、陈训慈等，且多数是与新文化阵营不甚投缘的学衡派或东南大学主力。[②] 从这里我们不难获得这样的印象，即在文化传承上，竺可桢时代的国立浙大基本倾向亦是趋于传统甚至保守的，虽也在抗战期间有请新派作家丰子恺等加盟，但总体像是一支“维护中国传统”的力量。如此局势下，郁达夫未必能得浙大之青睐。

但在“二十五年度，行将结束”的时候，《浙大学生》上有一份署名“舒大卿”的统计全校 1936 年全年“公开演讲”并罗列全部讲座信息的报告《听!》，报告最后，列有“鲁迅先生——文学家郁达夫先生”一条。[③] 这期《浙大学生》是“浙大介绍”专号。可惜这条信息只列标题、讲者，却没有时间地点，更没有相关介绍，显然需要进一步核实。

一般情况下，邀请郁达夫向师生宣讲鲁迅，对浙大这样的工科、农科学校来讲，或许需要足够的理由和契机；而这一年 10 月 19 日鲁迅猝然去世，应该是最大的理由和契机。所以个人判断这场讲座最大可能是被安排在十月下旬以后。循着这一线索和逻辑，终于在省档案馆和孤山古籍部同时保存的民国二十五年（1936）《国立浙江大学日刊》上，看到了这一事件的始末。

1936 年 10 月 24 日，有感于“鲁迅先生之死，实不仅全中国人民之损失，亦全世界人类之重大损失”，浙大学生自行发起鲁迅先生追悼会；[④] 28 日晚召集追悼会筹备会，“追悼会已定于十一月一日（星期日）下午七

① 竺可桢在“不得不”接受校长任前的 3 月 20 日，就“寄刚复函”，约其星期日（22 日）谈“赴浙为文理院长”一事，为竺欲物色的第一位院长。见《竺可桢全集》第 6 卷，上海科技教育出版社 2005 年版，第 42 页。

② 竺可桢自己也认识到：“余以引用至浙大之人，东大色彩太浓，如刚复、迪生均东大教员，鲁珍、志超、福桢、伯谦、振公、晓峰、驾吾、赞虞皆东大学生。”参见竺可桢 1936 年 5 月 26 日日记，《竺可桢全集》第 6 卷，上海科技教育出版社 2005 年版，第 81 页。

③ 舒大卿：《听!》，《浙大学生》半月刊第三、四期合刊（“浙大介绍”专号），民国二十六年（1937）6 月 10 日出版。

④ 参见《本校同学发起鲁迅先生追悼会》，《国立浙江大学日刊》第 48 号，民国二十五年（1936）10 月 27 日。

时半在新教室大礼堂举行。并确定郁达夫先生届时讲演”[①]；11月1日，筹备有日的追悼大会在浙江大学文理学院如期举行，“到会者不下二百人，空气至为沈肃”，在大会致辞、宣读祭文、介绍生平后，“即请郁达夫、李絜非、吴志尧三位先生讲演，颇多发挥”；[②] 11月4日，郁达夫的演讲内容就在日刊上有了更为详细的报道。

> 郁先生刚从上海参加鲁迅先生葬礼回来。对于鲁迅先生葬仪及死后料理等事，言之颇详。并言及鲁迅先生本人正从事于整理其三四万言[③]之一生著作，预备出一著作三十年的纪念册，可惜未能及见成功。继谓自古文人得名者极多，但大抵在每十年，或数百年后，始为人所渐渐习知，而鲁迅先生则不然，死后仅数小时，悼声已满整个世界，不论国别，不论人种，不论年龄，只要含一颗像青年一样的活跃的心之人，无不惋惜。[④]

郁达夫上述演讲，尽管内容被记录得不多，其中关于鲁迅自己正整理“一生著作”以出“著作三十年的纪念册”的信息却是首次披露，足见郁达夫与鲁迅的亲密关系；同时，也是现有资料可证之《浙大学生》所列“文学家郁达夫先生”关于“鲁迅先生”的那场讲演。这一次由浙大学生自发筹办的追悼活动，几与校方组织的庆祝蒋委员长五十寿辰“提灯会”同步，不为校长竺可桢知情也在情理之中。[⑤] 这或许也可以从一个侧面感知那一代青年学子的情感寄托与依恋，且亦与校方的倾心延揽形成了有意味的对照。

---

① 《鲁迅追悼会筹备会记录》，《国立浙江大学日刊》第51号，民国二十五年（1936）10月30日。

② 《鲁迅先生追悼大会志略》，《国立浙江大学日刊》第53号，民国二十五年（1936）11月2日。

③ 原文如此。疑为“三四百万言”之误。

④ 《本校鲁迅先生追悼大会纪详》，《国立浙江大学日刊》第55号，民国二十五年（1936）11月4日。

⑤ 查这一段时间的《竺可桢日记》，除10月19日记有“文学家鲁迅病没沪寓”、10月22日记有“报载鲁迅出殡送葬者六千人”外，并未提及其他追悼活动，包括校内学生自发组织的这场追悼会。参见《竺可桢全集》第6卷，上海科技教育出版社2005年版。

所以这一年郁达夫的行踪，基本就比较完整了：2月2日，郁达夫应福建省主席陈仪之请，赴福建任职“省府参议”；4月30日，风雨茅庐落成，郁达夫回杭小住；6月9日，重返福州[①]，期间，曾向杭州参加军训的学生作“大报告”[②]；再离福州已是10月20日，鲁迅去世第二天；11月1日，浙大宣讲鲁迅，同日，《怀鲁迅》在《文学》第7卷第5号发表；11月11日，从上海去日本[③]；待经台湾、厦门回福州，则已经是新年元旦以后了。

而郁达夫与浙江大学的关系，基本也比较清楚了：1912年秋，之江大学预科读书；1933年秋，之江文理学院国文系任教并讲座；1936年秋，浙江大学文理学院发表演讲。

当然，深居杭州的郁达夫，此时已抱定“不是想上西湖来寻梦，更不是想弯强弩来射潮”的态度，对于杭州，他只愿“歌哭于斯，叶落归根”“在此地偷安苟活，坐以待亡”。[④] 幸而，浙大学子发起了这次追悼活动，对郁达夫来讲，无论是宣讲鲁迅，还是提携后进，抑或为自己圆一个当年被挡驾的场，专程赶赴都是当仁不让。尽管很长时间里，国立浙大虽然近在咫尺，情感上或远没有之江来得亲近。

（七）一点尾声：竺校长与郁达夫之子

1939年底，郁达夫偕王映霞与长子郁飞自福州去了南洋。后来，这对“富春江上神仙侣”在新加坡分道扬镳，未成年的郁飞被送回国内，托时任行政院秘书长的陈仪（公洽）照看抚养。陈仪是个侠胆仗义之人，

---

① 据王自立、陈子善编《郁达夫简谱》，参见陈子善、王自立编《郁达夫研究资料》下册，花城出版社、生活·读书·新知三联书店香港分店1985年版，第830页。而据《福建民报》1936年5月20十日第6版报道，则郁达夫是5月19日“由杭抵沪，乘靖安轮来闽”。

② 1933年“一·二八”淞沪战役后，各地规定高一、大一新生都须集中参加军训。时陈从周就在这支队伍里。作为蕙兰中学的高一新生，陈从周参加了1936年4月到7月的集训，对向他们做“大报告”的郁达夫印象深刻：“难忘他穿着长衫马褂的瘦影。”按理，浙大大一新生也在这支集训队伍内。参见陈从周《世缘集·“军训”杂记》，《陈从周全集》第11卷，江苏文艺出版社2013年版，第273页。

③ 郁达夫赴沪奔丧，不久便得了重要使命东渡日本，连刚出月子的王映霞都是“特地从杭州赶到上海去送郁达夫的行”。参见王映霞《王映霞自传》，黄山书社2008年版，第141页。

④ 郁达夫：《杭州》，《郁达夫全集》第4卷，浙江大学出版社2007年版，第88—89页。

作为长兄郁曼陀的好友，早年对同在日本留学的郁达夫有过“一件陆军制服”之谊；赴新洲前，郁达夫也已在时任福建省主席的陈仪麾下任职近三年，彼此了解甚深。郁达夫南洋失踪以后，陈仪对故友托孤更是慎履承诺。1948年8月6日，陈仪被委为浙江省政府主席，1949年2月17日因投共被免职，后被押解到台湾，第二年6月18日遭处决。

陈仪在浙江任期不长，仅半年零一旬，但“对于浙大极爱护，如教职员之给无价米，吴大信等五人之无条件释放”[①] “对于学生之越轨行动……总由渠个人加以宽容之办法，尤为难得”[②]，竺可桢对其评价很高：“公洽去浙是一极大损失，因其人确有理想，且具胆量也。”[③]

值得一提的是省主席任内的2月7日，竺可桢日记记有陈仪介绍两位学生来浙大借读，其中之一就是暨南大学外文系三年级学生郁飞。这个事情让竺可桢一时颇为难。一面是省主席托付的失踪文学家郁达夫遗孤，另一面是欲来浙大借读者“人数甚多”，且暨大已在上海开学，并不必借读浙大。于是，一向谨守原则的竺可桢即以“目前暂难有办法，俟开学时有余额再说”[④] 复之。但不久（10天后）就从《大公报》得了陈仪去职的消息。后来的竺可桢日记中没有记载此事的处理结果。我们从当年就读浙大外文系的汪飞白先生处了解到的信息是：“郁飞也在外文系，跟我同过学，他高我两班”，据此，我们完全可以肯定，竺校长应该是在陈仪去职、学校开学以后，将陈仪托付的郁达夫之子收入浙大外文系，插班借读。想必，这里有竺可桢校长对两位坦荡、正直的爱国志士的爱重在其中，郁达夫九泉之下，也会颇感欣慰罢。

（原刊《浙江大学校史研究》2017年卷）

① 《竺可桢全集》第11卷，上海科技教育出版社2005年版，第376页。

② 同上书，第379页。

③ 同上。

④ 《竺可桢全集》第11卷，上海科技教育出版社2005年版，第371页。

第二章

"二诗人"：比较文学视野中的郁达夫

一　郁达夫与鲁迅

（一）郁达夫与鲁迅的交往

1923 年 2 月，郁达夫从安庆赶往北京大哥的家。抵京不久，2 月 17 日，大年初二，就出席了八道湾的家宴。"午二弟邀郁达夫、张凤举、徐耀辰、沈士远、尹默、叚士饭，马幼渔、朱逷先亦至。谈至下午。"从《鲁迅日记》记的名单看，周作人召集的都是北大、北师大同事，都是八道湾的座上客，唯郁达夫身份特别。郁达夫的被邀请，当与周作人为《沉沦》的"振臂一呼"有关。1921 年 10 月《沉沦》出版，读者如云，非议也多，评论界普遍认为新文学作家郁达夫走得太远，越出了很多人可以想象和容忍的道德与伦常的边界，"肉欲描写者""颓废作家""不道德的小说"这类帽子都扣在了郁达夫头上，让"天真、潇洒、真诚、自然，而微微带点神经质"（陈翔鹤《郁达夫回忆琐记》）的郁达夫一下子无所适从。1921年11月27日，郁闷至极的郁达夫不顾“绅士风度”，向他敬慕的周作人用英文发了一个明信片：“上海所有的文人都反对我，我正在被迅速埋葬，我希望你是给我唱悲哀的挽歌的最后一个人。”1922年3月26日，周作人在《晨报副镌》发表书评，认定这是一件“艺术的作品”，这对郁达夫日后的文学地位助益很大，郁达夫对此心存感念，并与周作人保持书信往来，此番赴京也是直秉八道湾。

席间鲁迅作陪。这个时候周氏兄弟尚“兄弟怡怡”，关系很好，郁达夫由此结识鲁迅。十天以后，2月27日，郁达夫在东兴楼回请鲁迅。那天北大已开学，鲁迅“上午往大学讲。午后胡适之至部，晚同至东安市场一行，又往东兴楼应郁达夫招饮，酒半即归”。毕竟只是初交不久，鲁迅赴宴并未十分尽兴。东兴楼饭庄，创业于清光绪二十八年（1902），被同行誉为八大鲁菜饭庄之首。郁达夫与鲁迅周氏兄弟，就这样开始了交往。查《鲁迅全集·日记（1912—1926）》卷，1923—1926年在京期间，算上书信，郁达夫与鲁迅往来19次（参见表2—1）。这在鲁迅的“门客”中交往次数绝不算多，与日后在上海双方的频繁往来也不能比[①]，但彼此都留下了好印象。1927年，因为《在方向转换的途中》，鲁迅发现郁达夫居然被看成“危险人物”，连称“大奇”，并说：“达夫先生我见过好几面，谈过好几回，只觉得他稳健和平，不至于得罪人，更何况得罪于国。”（《鲁迅全集·三闲集·怎么写（夜记之一）》）可见两者堪称知音。两人长达十多年的友谊就是从这个时候、在这个基础上开始渐入佳境的。

表2—1　　郁达夫与鲁迅在北京的交往

序	时间地点	《鲁迅日记》相关表述	备　注
1	1923.2.17 八道湾	午二弟邀郁达夫、张凤举、徐耀辰、沈士远、尹默、臤士饭，马幼渔、朱逷先亦至。谈至下午。	郁达夫自安庆抵京，第一次面见鲁迅。时大年初二。

① 据郑心伶统计，自1923年2月17日始，至1936年10月18日止，《鲁迅日记》所记两人交往213次。参见郑心伶《日月双照——鲁迅郁达夫比较论》，花城出版社1994年版，第179页，注释45。可见，北京期间两人的交往不足其中的十分之一。

续 表

序	时间地点	《鲁迅日记》相关表述	备 注
2	1923.2.26 八道湾	夜得郁达夫柬招饮。	
3	1923.2.27 东兴楼	上午往大学讲。午后胡适之至部，晚同至东安市场一行，又往东兴楼应郁达夫招饮，酒半即归。	东兴楼饭庄，创业于清光绪二十八年（1902），被同行誉为八大鲁菜饭庄之首。
4	1923.2.28 八道湾	夜得郁达夫信。	郁达夫将离京返富阳。
5	1923.3.15 八道湾	得郁达夫信。	3月16日，鲁迅收郁达夫嘱泰东书局寄《创造》一册。
6	1923.11.15 砖塔胡同	午后郁达夫来。往山本医院取药。	10月，郁达夫接陈豹隐北大“经济学”课来京。
7	1923.11.22 砖塔胡同	下午……郁达夫赠《茑萝行》一册。	郁达夫小说散文合集《茑萝行》1923年10月由泰东书局出版。
8	1923.12.26 砖塔胡同	上午郁达夫来并持赠《创造周报》半年汇刊一册，赠以《小说史略》一册。	12月11日，鲁迅《小说史略》由孙伏园寄达，“印行200册”。
9	1924.3.18 砖塔胡同	午后郁达夫赠《创造》一本。往山本医院诊。	1924年春，孙荃夫人携龙儿来京。
10	1924.4.30 砖塔胡同	午后郁达夫来。往西三条胡同视所葺之屋。	4月，郁达夫搬什刹海北岸。
11	1924.6.15 西三条	星期日休息。上午郁达夫来。	

续 表

序	时间地点	《鲁迅日记》相关表述	备 注
12	1924.7.3 什刹海	午后访郁达夫，赠以《小说史》下卷一本。	6月20日，鲁迅《小说史略》下卷100本寄达。
13	1924.7.3 西三条	夜郁达夫偕陈翔鹤、陈厶君来谈。	郁达夫当日回访。
14	1924.11.2 西三条	星期日休息。上午郁达夫来。下午许钦文来。	
15	1924.11.20 西三条	夜郁达夫来。	
16	1924.12.15 西三条	晚……郁达夫来。	
17	1924.12.25 西三条	夜郁达夫来并赠 *Gewitter im Mai* von L. Ganghofor 一本。	德国作家路德维希·甘露费尔小说《五月暴风雨》，1923年出版。
18	1925.10.24 西三条	郁达夫来。	1925年2月，郁达夫赴武昌师大任文科教授，10月中旬回京，11月卸职回富阳。1926年3月，赴广东大学（今中山大学）任英国文学系主任兼教授。
19	1926.7.31 西三条	上午……郁达夫来。	6月初，郁达夫因龙儿夭折返京。8月26日，鲁迅离京赴厦门；郁达夫亦于10月初南下上海。

1923年8月，鲁迅暂住砖塔胡同，与郁达夫借住的长兄郁华家（巡捕厅胡同）很近，都不用过现在的阜内大街，故这年10月郁达夫从上海再次抵京执教北大后，两人交往开始增加，而且，已经出版了《沉沦》《茑萝行》两部作品并引起广泛关注的郁达夫，面对鲁迅新结集的《呐喊》"上海方面，此书发售处不多"的情况，还向周作人表示"当思为鲁迅君尽一份宣传之力也"[①]，共同的旨趣和实力让两人越走越近。1924年4月郁达夫搬到什刹海北岸租住，鲁迅也于这年5月移居阜成门内西三条新居，但距离并没有成为他们交往的障碍，在京的19次双方往来中近一半是发生在什刹海与西三条之间。

1926年8月，鲁迅离京赴厦门；1926年10月，郁达夫离京赴上海。两人相继离开北京。一年后的1927年10月，鲁迅从广州抵上海。两位新文坛最有影响力的文学巨人，在上海开始了他们长达十年的更为亲密的友谊。

（二）亦师亦友的深情厚谊

郁达夫生性慷慨率直，喜交各方朋友。一生朋友众多，有学友，诗友，文友；也有酒友，敌友，战友；更有更为亲密的师友，亲友，女友。他们构成了诗人不同色彩、不同质地的生活。

郁达夫有很明确的交友意识。面对各界名流，他一般都会主动写信讨教，登门造访，设宴招饮，寻求支持，非常直白，非常坦率，也非常真诚。1919年他第一次赴京赶考之余，也不忘向当时红得发紫的文学大牌胡适发信求见，虽然胡适并未表态，郁达夫与胡适后来也是"不打不相识"，但一位无名之辈能有这样的勇气和自信向文坛进军，着实也是不俗。后来郁达夫以同样的方式求见周氏兄弟，成功了，并且成就为文学史、文化史上一段相得益彰的佳话。

郁达夫与周氏兄弟的友谊都是"落难得助"时结下的。周作人为《沉沦》的呵护，周树人对"方向"的辨析，对郁达夫来说都是恰逢其时——前者拯救了郁达夫的文学生命，后者拯救的是郁达夫的政治生命。

---

① 郁达夫：《致周作人》(1923年10月22日)，《郁达夫全集》第5卷，浙江大学出版社2007年版，第54页。

所以，在北京期间，郁达夫先亲近周作人；而离了北京，换了“方向”，郁达夫便与鲁迅真正成了同一战壕里的亲密战友——“人们认为我和鲁迅思想不同，性格迥异，却不知道我和鲁迅友谊至深，感情至洽，很能合得来的朋友”[①]。

“鲁迅的对于后进的提拔，可以说是无微不至”，在《回忆鲁迅》里，郁达夫写下了这样的体会。上海时期，鲁迅一直是郁达夫亦友亦师的领路人。他们一起编《奔流》杂志，一起扶助青年作家，一起面对左翼文学和自由中国运动，可谓志同道合；日本增田涉选编《世界幽默全集·中国篇》，鲁迅建议增补郁达夫《二诗人》；美国伊罗生编译英文版中国现代短篇小说集《草鞋脚》，鲁迅推荐郁达夫《迟桂花》；美国记者斯诺打探五四以来中国最优秀小说作家，鲁迅提供的八位作家[②]中就有郁达夫；郁达夫移家杭州，鲁迅真心劝阻，后来事态的发展也让郁达夫感慨“结果竟不出他所料”。鲁迅对创造社素无好感，“他们之中，后来有的化为隐士，有的化为富翁，有的化为实践的革命者，有的也化为奸细，而在‘创造’这一面大纛之下的时候，却总是神气十足，好像连出汗打嚏，也全是‘创造’似的”，但于郁达夫，却是一个例外：“我和达夫先生见面得最早，脸上也看不出那么一种创造气，所以相遇之际，就随便谈谈；对于文学的意见，我们恐怕是不能一致的罢，然而所谈的大抵是空话。但这样的就熟识了，我有时要求他写一篇文章，他一定如约寄来，则他希望我做一点东西，我当然应该漫应曰可以。”[③]

从郁达夫方面看，他对鲁迅，是真心的佩服和真正的“知道”。1928年，郁达夫就在《对于社会的态度》一文中明确表示，对鲁迅的人格和作品“素来知道”：“我总以为作品的深刻老练而论，他总是中国作家中的第一人者”；1934年，在论及“中国目前为什么没有伟大的作品产生”的时候，郁达夫称“以时间的试练来说，则鲁迅的‘阿Q’是伟大的”；而在编《良友版新文学大系散文选集》时，则又在《导言·妄评一二》

① 1937年1月1日，郁达夫在厦门接待来访的文学青年郑子瑜、马寒冰时说这段话。

② 这八位作家是：鲁迅、茅盾、丁玲、郭沫若、张天翼、郁达夫、沈从文、老舍。

③ 《伪自由书·前记》，《鲁迅全集》第5卷，人民文学出版社2005年版，第3—4页。

中，以大量篇幅讨论了周氏兄弟散文的异同，评点之精准，让人不由慨叹郁达夫对鲁迅和周作人文风的“偏嗜”和“溺爱”，甚至周氏兄弟的散文在“《新文学大系·散文二集》”中“恐怕要约占全书的十分之六七”[①]。

即便从上海移居杭州，郁达夫一有机会去上海，也总要拜访鲁迅：“自从我搬到杭州去住下之后，和他见面的机会，就少了下去，但每一次当我上上海去的中间，无论如何忙，我总抽出一点时间来去和他谈谈，或和他吃一次饭”（《回忆鲁迅》）；鲁迅卧病，郁达夫专程探望，还约定秋天陪鲁迅去日本养病、去岚山看红叶；鲁迅去世后，郁达夫也是第一时间题写挽词，并当即从福州赶回上海；后来，更写下了声情并茂的《怀鲁迅》《回忆鲁迅》，向世人还原了一个真实的、平凡而伟大的鲁迅。

> 他的脸色很青，胡子是那时候已经有了；衣服穿得很单薄，而身材又矮小，所以看起来像是一个和他的年龄不大相称的样子。
>
> 他的绍兴口音，比一般绍兴人所发的来得柔和，笑声非常之清脆，而笑时眼角上的几条小皱纹，却很是可爱。
>
> 他说，忙倒也不忙，但是同唱戏的一样，每天总得到处去扮一扮。上讲台的时候，就得扮教授，到教育部去，也非得扮官不可。

这些，都发生在鲁迅和郁达夫之间。

或许，对自小失父的郁达夫而言，年长15岁的鲁迅或有精神之父、文学之父的意味。郁达夫对鲁迅，是既崇拜又依恋，既敬重又畏惧。他与鲁迅接触最多，而写鲁迅的文字，尤其是鲁迅在世时，却并不算多。

但在鲁迅去世后，郁达夫却在不同的场合，发表对鲁迅其人其文的肯定和褒扬。

> 如问中国自有新文学运动以来，谁最伟大？谁最能代表这个时代？我将毫不踌躇地回答：是鲁迅。鲁迅的小说，比之中国几千年

① 据陈子善、王自立编《郁达夫忆鲁迅》统计，良友版《新文学大系·散文二集》“全书共收16位作者131篇散文，其中鲁迅24篇，周作人57篇”——占61.8%。

来所有这方面的杰作，更高一步。至于他的随笔杂感，更提供了前不见古人，而后人又绝不能追随的风格，首先其特色为观察之深刻，谈锋之犀利，比喻之巧妙，文笔之简洁，又因其飘溢几分幽默的气氛，就难怪读者会感到一种即使喝毒酒也不怕死似的凄厉的风味。当我们见到局部时，他见到的却是全面。当我们热衷去掌握现实时，他已把握了古今与未来。①

表述相当到位。

在文学之路上，郁达夫受益于大树的荫护，得益于周氏兄弟和其他大师的提携；转身，他也将他的热情和能量，赐予那些跟他当年一样落寞、苦难而希望立足文坛的年轻人。对有才华却迫于生活压力和被文坛龙门拒之于外的文学青年，郁达夫感同身受，既同情其遭遇，又鼓励其奋进，传承和实践着一代师者的风范和职能。1924 年 3 月，文名如日中天的郁达夫专门去湖南会馆面见写信向他求助的沈从文，同他吃饭，赠他围巾，还留下剩余的钱，这对沈从文触动很大。这是郁达夫对落难才子的一种同情和助益，是对周氏兄弟无私扶助、大力提携之善举的一次传递。据说，当年“四处碰壁”的沈从文曾向不少文坛前辈发函，求帮助，求关注，但像郁达夫主动探望以示关切和鼓励的没有第二人。对日后与鲁迅分手、驻留北平、共谋“大东亚文化共荣圈”的周作人，郁达夫也一直将之视为鲁迅一样的“真正的正人君子”，甚至“颇有些人，说周作人已作了汉奸，但我却始终仍是怀疑。所以，全国文艺作者协会致周作人的那一封公开信，最后的决定，也是由我改削过的；我总以为周作人先生，与那些甘心卖国的人，是不能作一样的看法的”（郁达夫《回忆鲁迅》），这，是一种态度，更是对救助者的一种基于常识的价值认定。

（三）两浙文化的典型代表

郁达夫和周氏兄弟，尤其是鲁迅，文学性格截然不同。

---

① 郁达夫：《鲁迅的伟大》，载 1937 年 3 月 1 日日本《改造》第 19 卷第 3 号。原文为日文，系郁达夫为日本改造出版社出版的《大鲁迅全集》写的介绍文字。

郁达夫和鲁迅，两位最具影响力的现代文豪，都是浙籍人士。在现代文学史上，“浙籍作家”占据了现代文坛的半壁江山，成为新文学队伍的绝对主力。

新文化运动之初，一种空间格局格外引人关注，那就是长江中下游文学知识分子在新文学阵营的整体处境。这与作为中华文化三大源流之一的荆楚、巴蜀文化和吴越文化的历史和现实处境有密切关系。相对于黄河流域作为国家政治、文化核心地位的中原文化大传统，长江中上游的荆楚、巴蜀文化和长江中下游的吴越文化，基本上代表了中华文化的边缘形态，或者说文化小传统。它们对文化正统原本就有所不从，20 世纪启蒙话语盛行以后，一直游走于中华文化大传统边缘的吴越、荆楚、巴蜀、闽粤诸南方文化“小传统”，自然与反专制、反等级、倡民主、倡平等的启蒙文化一拍即合，其结果，就是长江流域及以南地区的知识分子，成为五四运动前后从事新文化倡导和新文学写作的绝对主力[①]。

而其中，“浙籍作家”又蔚为壮观。以太湖流域为中心的吴地和以宁绍平原为中心的越地又称“两浙”，浙西和浙东。“两浙”之地缘背景和经济条件存在显著差异：浙西多水，一苇可航，“多的是不稼不穑的地主”；而浙东则多丘陵山区，地理环境的险恶使浙东“最大的富户，不会拥有两百亩以上的田地”。因此，“浙西属于资产阶级的天地，浙东呢，大体上都是自耕农的社会”[②]。不同的地形地貌导致两地不同的生产条件、物质基础和生活方式，造就了“两浙”不同的精神文化——浙西多水、浙东多山，近水者得水的平和滋润，靠山者获山之傲岸自尊，地域文化迥然有异。

浙西吴地自然条件得天独厚，田亩纵横，水网密布，气候宜人，土地肥沃，民众生活大多富庶优裕，衣食无忧。这样的生活质地，自然可以孕育人们心性的柔顺随和，滋生情感的浪漫丰赡，从而太湖流域民风相对雍容宽厚，吴侬软语更是让绵绵情意流淌得淋漓尽致。于是，太湖

---

① “‘前夜文学’的空间格局是东南形胜，吴粤争霸”“新小说有影响力的十四位作家中，除了林纾和同桂笙外，都是吴粤之氏”，而“由吴、粤文化区向越文化区的位移，标志着中国近现代文学转型”。——参见彭晓丰、舒建华《“S会馆”与五四新文学的起源》，湖南教育出版社 1995 年版。

② 曹聚仁：《我与我的世界》，香港三育文具公司 1973 年版，第 55—56 页。

流域的现代作家，茅盾、郁达夫、夏衍、徐志摩、戴望舒、施蛰存等，无一不是浪漫多情的性情文学的高手，不仅对花前月下、芳草天涯的爱情故事情有独钟，小资情调泛滥成灾，甚至不无夸张的矫情做作和“无病呻吟”；而且，即便是国民性批判，也更多是平和的对话与平静的交流。

而浙东越地则峰峦重叠，山多地少，山穷水恶，地理状貌相对复杂，尤其不利农耕。于是，人们为生存的合作与互助、挣扎与竞争显得必要而且严酷。从而，在这样相对恶劣的山性、土性生存环境中，古老漫长的自耕农生产生活方式，让浙东人性格中积淀了许多“石骨铁硬”的刚性因素，既表现为情深义重、坚强不屈的刚直正义，憨厚朴实、任劳任怨的民风人情，亦有诸如不宽容、不妥协，较真好斗、刁蛮狡猾等负面元素，导致性情中粗糙尖锐和无所畏惧的那一部分“硬气”。

周氏兄弟是典型的浙东文人，有着所谓“浙东人的硬气”。两人骨子里都是性情耿直、疾恶如仇、宁折不弯、绝不妥协。表现在文字上，也是刚直严正、简洁朴素，很少轻柔婉媚之辞。鲁迅尤其如此。小说、杂文包括两部散文集，直是“文体简练得像一把匕首，能以寸铁杀人，一刀见血”[①]“所看到的都是社会或人性的黑暗面，故而语多刻薄，发出来的尽是诛心之论”[②]。周氏兄弟“笃信科学，赞成进化论，热爱人类，有志改革社会”，而鲁迅尤其表现为“一味急进，宁为玉碎”，典型的浙东性格：深刻、尖锐、勇毅、顽强、坚忍不拔，“不克厥敌战则不止”。当然，郁达夫也认识到，“在鲁迅的刻薄的表皮上，人只见到他的一张冷冰冰的青脸，可是皮下一层，在那里潮涌发酵的，却正是一腔沸血，一股热情”“实际上鲁迅却是一个富于感情的人，只是勉强压住，不使透露出来而已”[③]，情感理性、内敛、谨慎、克制，是典型的内柔外刚、内热外冷。

而作为浙西作家的郁达夫，吴文化温婉清丽、浪漫多情的遗风流露

① 郁达夫：《新文学大系散文选集导言》，《郁达夫全集》第 11 卷，浙江大学出版社 2007 年版，第 191 页。

② 同上书，第 193 页。

③ 同上书，第 193 页。

得比较充分。他内心清高狷傲、儒雅风流，但表现在文字上，则是敏锐孤独、忧郁感伤、自怨自艾，有的时候还落落寡合。或许这也是一种多情的表现罢，正如“哭穷”“恨娶”“卑己”这样的郁达夫式的情感标签一样，“佯狂”“佯独”，或许也是标签之一。所以，文字里的感性色彩异常强烈，情感抒发往往夸张而极端，很多时候是无节制无休止的倾诉和宣泄，甚至不惜自我暴露。他的自叙传小说，他的抒情散文，他的自述诗，莫不如此，遑论其更私我意味的日记、书信了。

在个人生活上，两人都在最敏感多思的人生初年，经历了家道中落、寡母哺孤的人生苦难，内心里满是孤独、愤懑和反抗，表现在文字上，就是对“缺失”的敏感，和对“情结”的耿耿于怀。

从家庭角色看，鲁迅作为家中长子，家族的血脉继承者，尤其体会到从小康坠入困顿的潦落和凄凉，体会到家庭变故和世态炎凉，体会到世人的真面目，体会到家庭的重担、家族的使命，继而，民族的重担，历史的使命。所以，如果说恋家念旧、谨慎孝顺的长子鲁迅是“家庭的长子”“家族的长子”，那么，启蒙思想家鲁迅就是“历史的长子”“民族的长子”。他在郁达夫眼里的“伟大”与深刻，大恨与大爱，恐怕既与鲁迅骨子里传承的古越文化基因相关，也与这样一种长子意识相关。

而作为对比，郁达夫是家中幼子。哥伦比亚大学的行为专家斯坦雷·谢克特研究发现，任性、叛逆、自我、擅长社交，是幼子的性格和行为标签，对照郁达夫，似乎一一都能对应。相对于长子的沉稳、腼腆，幼子显然更真实、更透明、更坦荡无心机。

（2012年7月为重庆图书馆讲座作）

二 徐志摩与郁达夫

——以《爱眉小札》与《日记九种》为中心

徐志摩和郁达夫，同庚同学，又同为浙西文人，两人文字之唯美，爱情之浪漫，几乎都让世人侧目。尤其记录各自情感经历的《爱眉小札》

和《日记九种》，几成中国文学史上记载爱情故事唯真唯美的典范，甚或堪称现代情书“双璧”。

1927年9月，《日记九种》由北新书局出版。这是郁达夫1926年11月至1927年7月间“半年来的生活记录”，九种日记分别为《劳生日记》《病闲日记》《村居日记》《穷冬日记》《新生日记》《闲情日记》《五月日记》《客杭日记》和《厌炎日记》。那个冬季，郁达夫在广州辞了职，“打算在上海住一月，即返北京接家眷南来”[①]，不料却偶遇王映霞，一时惊为天人，随即展开追求，并以日记实时做了记录。

1936年，徐志摩诞生四十周年和罹难五周年之际，未亡人陆小曼为之整理《志摩全集》，并完成两个版本的《爱眉小札》。一是1936年1月的“真迹手写本”，署名“心手”，为徐志摩1925年8月9日至31日、9月5日至17日的日记手稿影印本；另一是1936年3月铅排本，除上述日记之外，还增收了徐志摩1925年3月3日至5月27日致陆小曼信十一封和陆小曼1925年3月11日至7月11日所写的《小曼日记》。两版《爱眉小札》均由上海良友图书公司出版，是对那段刻骨铭心的倾城之恋的纪念。

两场旷世之爱，在两位诗人笔下颇显不同质地。将这两部作品捉对阅读，我们可以发现一些可资比较的信息，或有助于我们加深对这两位浙西作家的认识。

（一）文本里的爱情：“晒幸福”与“曝行径”

徐志摩以《爱眉小札》记下的热恋中的这段浓情，今天看来，像足了典型的“晒幸福”。日记（书信）里的徐志摩，用浓得化不开的文字，写下他与陆小曼的如胶似漆。小曼出身名门，聪慧美丽，又多才多艺。擅长琴棋书画，会唱京剧，通晓英语、法语，更是京城社交场上的名媛……她很快成了诗人此生所要寻找的人，那个“茫茫人海中”“灵魂之伴侣”。于是，一位离妻另娶，一位弃夫再嫁，在1924年到1926年的民国上演了一出轰轰烈烈的爱情大戏：“我只要你：有你我就忘却一切，我

① 《郁达夫全集》第5卷，浙江大学出版社2007年版，第51页。

什么都不想什么都不要了，因为我什么都有了。”[①] 在这样的前提下，人们读到的便都是喋喋不休的自言自语，一而再再而三的深情表白。显然，“爱”是全书唯一的语言。这里除了谈情，就是说爱；除了思恋，就是想念；甚至即使有一天，“天坍了下来，地陷了下去，霹雳种在我的身上，我再也不怕死，不愁死，我满心只是感谢”[②] ……各种甜腻，各种宣言，几乎全没有闲暇顾及生命中的其他体验，更全没有尘世味、烟火气，像是与世隔绝的一对璧人。

结合徐、陆之间不同时期的日记、书信，我们还可以发现这样丰富而腻人的情感几乎伴随着两人世界的始终，纵使时间也不能改变。今天我们读诗人写给小曼二十八岁生日的最后一封家书，最后一句竟赫然是：“我真是想你，想极了。”[③]

这样的爱情简直地老天荒。用郁达夫的话讲：“忠厚柔艳如小曼，热烈诚挚若志摩，遇合在一道，自然要发放火花，烧成一片了，哪里还顾得到纲常伦教？更哪里还顾得到宗法家风？”[④] 而在郁达夫自己，徐、陆的爱情让他艳羡。他佩服志摩的纯真和小曼的勇敢到“无以复加”的结果，便是起了那种“还想尝一尝恋爱的滋味”[⑤] 的念头，在 1927 年年初，迎来了久候的那场恋爱。

当志摩、小曼爱情如火如荼的时候，郁达夫正经历着人生中的一段低谷。1926 年端午，他痛失长子龙儿；年底，又辞了广州的教职，与一帮朋友隔膜，悻悻北回。这个情况下邂逅爱情，对郁达夫来讲，很难判断幸焉不幸。

于是，相对于《爱眉小札》的笔力集中、爱情纯粹，《日记九种》则

① 徐志摩 1925 年 8 月 9 日日记，徐志摩：《爱眉小札》（真迹手写本），上海古籍出版社 2003 年版，第 3 页。

② 徐志摩 1925 年 8 月 10 日日记，徐志摩：《爱眉小札》（真迹手写本），上海古籍出版社 2003 年版，第 7 页。

③ 徐志摩 1931 年 10 月 29 日书信，徐志摩：《爱眉小札》（真迹手写本），上海古籍出版社 2003 年版，第 262 页。

④ 郁达夫：《怀四十岁的志摩》，《郁达夫全集》第 3 卷，浙江大学出版社 2007 年版，第 249 页。

⑤ 《郁达夫全集》第 5 卷，浙江大学出版社 2007 年版，第 106 页。

要原生态得多。那场热闹而多舛的爱情，在郁达夫笔下可谓枝蔓丛生，一波三折。无论分分合合，抑或颠倒迷狂，郁达夫都如实照录，今天读来，直如现场直播。除了同样动容的表白，同样真率的激情，《日记九种》全没有“晒幸福”的雅兴，“而不过想自己说说自己的倒霉行径”[①]，于是，与爱情同时发生的故事，那些“攻击”和“暗箭”，就被附着在爱情故事的背后，暴露得真实而全面；尤其当事人心理，更是解剖得入木三分。

与王映霞的恋爱之外，是那个阶段郁达夫授课、办刊、读书、写作、演讲、交友、看戏、生病，加之兵乱、罢工和无奈的奔波，北京的妻儿，甚至“中年的淫卖”“法界的花烟”……诗人杂乱的生活“行径”以及20世纪20年代上海滩上一应景象，都通过日记这种私人话语，活生生全无保留地如在目前了。

（二）成长环境孕育的个性：“轻快磊落”与“诚惶诚恐”

郁达夫与徐志摩都是有代表性的浙西作家，温婉、通透的文化性格，在两人身上都有承传，无论文字，抑或情感。但《爱眉小札》和《日记九种》，我们读来又有诸多不同。这或与两者更微观的创作个性、叙事心理有关。

作为书香世家的后代，商会会长的独子，徐志摩是典型的糖罐里生、蜜罐里长的公子，既得百般调教，亦受万千宠爱。他跟郑孝胥习书，又拜梁启超为师，第一次婚姻更是完美的官商之合。现代作家“家道中落”“寡母哺孤”“个头矮小”这些通病，徐志摩一样也不沾边。

早在杭州府中读书期间，郁达夫就发现了这个与自己“诚惶诚恐，战战兢兢，同蜗牛似地蜷伏着，连头都不敢伸一伸出壳来”的“畏缩态度”截然相反的人，他留给郁达夫的印象是“头大尾巴小”的一个孩子：“无论在课堂上或在宿舍里，总在交头接耳地密谈着，高笑着，跳来跳去，和这个那个闹闹，结果却终于会出其不意地做出一件很轻快很可笑

---

① 郁达夫：《〈日记九种〉后叙》，《郁达夫全集》第5卷，浙江大学出版社2007年版，第214页。

很奇特的事情来吸引大家的注意的。”[1] 活泼、自信、乐观、积极，这是少年徐志摩留给同龄人的印象，也是诗人留在朋友心里的形象。

推理来说，应该是优渥的出生、成长环境造就了徐志摩这样一种“轻快磊落”的姿态和可以一往无前的个性。于是，对于男女之爱情，态度或做派或更其如此。诗人能勇敢追求爱情，大胆宣称：“我将于茫茫人海中访我唯一灵魂之伴侣；得之，我幸；不得，我命，如此而已”[2]；更能尽情享受爱情，而很少顾及事件以外的非常元素，所谓“只见爱情，不及其余”，甚至与小曼爱情道路上的些许障碍：双方各自的前任，都直接视而不见或轻描淡写，弱化虚化了事。而健康良好的心理状态也使诗人更善于在叙事中放大快乐，藐视困难，即便是烦恼，也被记录成了“幸福的烦恼”“蜜甜的忧愁”，表现在《爱眉小札》的写作中，就是任性、纯粹、信马由缰、不施掌控的爱之告白。

而再看郁达夫，尽管也是富阳世族的后代，但是，三代寡母的家庭环境还是让他童年的成长指数相对低弱。母亲既当妈又做爹，这种角色分离对孩子来讲自是难以适应，以致成年以后，郁达夫与母亲的关系并不十分融洽，“我和她性情不合，已经恨她怨她到了如今”[3]；而失去男丁的家庭，经济相对拮据，又颇多伤害孩子的自尊。郁达夫在自传之三《书塾与学堂》中记录的那桩母亲陪着十一二岁的自己赊账买皮鞋的事件，[4] 足见其自幼便敏于他人的感受。

这种过于敏感多思和自卑自怜的心理气质多少影响追求目标的自信。郁达夫整体忧郁感伤的创作风格不能不与此相关。

在更私人的日记文字里，一方面，郁达夫更能感同身受底层民众的疾苦和悲戚，关注个人情感与生活之外的世俗世界；另一方面，对发生在自己身上的这一场恋爱难有把握，“诚惶诚恐”。那种一有风吹草动就

---

① 郁达夫：《志摩在回忆里》，《郁达夫全集》第 3 卷，浙江大学出版社 2007 年版，第 153 页。

② 徐志摩“答复任公的信”，参见胡适《追悼志摩》，王任编《哭摩》，金城出版社 2012 年 9 月版，第 42 页。

③ 郁达夫：《客杭日记》，《郁达夫全集》第 5 卷，浙江大学出版社 2007 年版，第 181 页。

④ 参见郁达夫《书塾与学堂——自传之三》，《郁达夫全集》第 4 卷，浙江大学出版社 2007 年版。

自伤自悼、自哀自怜的状貌，在《日记》里体现得淋漓尽致，几乎与其小说中“质夫”式的主人公形象和心理如出一辙：多愁善感、喜怒无常。尽管也可能是郁达夫一贯的“哭穷”[①] 以博同情、受追捧之方式，是其贯于制造跌宕起伏的戏剧性效果的艺术夸张，而骨子里未必不是成长的阴影投下的病根。

对艺术的叙事来说，这样的波折、起伏、夸张甚至病态的暴露，倒更能吸引读者的关注。相对于羡恨他人的幸福，对于大多数生活在动荡不安、窘迫不堪的现实处境中的人们，更愿意从“人不如我”的叙事中寻找慰藉。一个事实也是，郁达夫 1928 年 1 月 6 日日记透露：“在《上海每日新闻》（日人办的日文报）的元旦号上，看见了一篇日本人评中国作家在一九二七年一年所作的东西。我的《日记九种》和《过去》都在被捧之列。”[②]

（三）日记写作理念：“跑野马”与“自叙传”

当徐志摩任性于两人世界的时候，其“脱缰的野马”的散文艺术思维在《爱眉小札》里如鱼得水。

作为日记，包括书信，因预设的受众只是极有限的个体，日记写给自己读，书信也只是接信人看，所以有很强的私密性。这种私密性极大地纵容了日记、书信写作者的自由。他完全可以无视义理、文法、辞章，而任文笔信马由缰。这方面，徐志摩风格独特的散文早已为世人瞩目，并成为徐志摩独特的个人标记。作家杨振声曾说：“至于他那‘跑野马’的散文，我老早就认为比他的诗还好。那用字，有多生动活泼！那颜色，真是‘浓得化不开’！那联想的富丽，那生趣的充溢！尤其是他那态度与口吻，够多轻清，多顽皮，多伶俐！而那气力也真足，文章里永远看不出懈怠，老那样像夏云的层涌，春泉的潺湲！他的文章的确有他独到的风格，在散文里不能不让他占一席地。比之于诗，正因为散文没有形式

---

① 参见拙作《郁达夫在安庆》，《中文学术前沿》第 7 辑。浙江大学出版社 2013 年版。

② 郁达夫 1928 年 1 月 6 日日记，《郁达夫全集》第 5 卷，浙江大学出版社 2007 年版，第 228 页。

的追求与束缚，所以更容易表现他不羁的天才吧？”[①]

散文尚且如此，其《爱眉小札》更是决然的代表。这些当年写出来只属于他们两人，而全没准备公布于世的私人文字，天然和真纯绝对毋庸置疑，“披心沥胆”的表达、宣泄才是最重要的。因而，正是大量堆砌、重叠、不受约束的内容和丰富、细腻、信马由缰的联想，让日记表达的情感浓烈得无以复加。

郁达夫则更忠实于其一贯的“自叙传”笔法。因为笃信生活就是艺术、艺术就是生活，便试图以丰富多彩的生活滋养丰富多彩的艺术。这一理念，影响到了郁达夫个人生活的诸多尝试和体验，逛妓院、喝花酒甚至吸鸦片，都成了一种“为艺术”的生活；也影响到郁达夫的文体观念，使他在区分虚构的小说和纪实的散文之间的界线时始终意识模糊。于是，他的小说像诗化的散文，情感丰沛而情节清淡，几乎像生活一样自然；而散文又多了些婉转的人物和鲜活的情节，读来让人心潮澎湃。究其原因，无非是在郁达夫看来，小说和散文都是真实生活某一侧面的反映。

在《日记九种》中我们看到，郁达夫的追求爱情几乎被视为激发其创作的动力。尽管公开日记有为自己“申剖一二”的作用，[②]但《日记》中也不止一次提到，“我若能得到王女士的爱，那么恐怕此后的创作力更要强些”“写小说，快写小说，写好一篇来去换钱去，换了钱来为王女士买一点生辰的礼物”[③]。显然，作家企求这一场虐心的恋爱能带来创作的灵感和素材。具体到《日记九种》这样的“个人私记”，在徐志摩是文学的“散文中的散文”，可以浓到“化不开”；在郁达夫，则是艺术的“生活中的生活”，全赖戏剧性的生活为这样一部传世之作提供原生态的素材。

当然，与《爱眉小札》最初并无出版计划不同，《日记九种》实在得多：1927 年 7 月 31 日，半年记录告一段落；8 月 14 日，郁达夫就“编完了半年来的日记”，写好了“后叙”；9 月，就正式出版了。可见，生活已以最快速度被转化成了艺术，当然，最终，也转化成了版税。

---

① 杨振声：《与志摩最后的一别》，王任编《哭摩》，金城出版社 2012 年版，第 92 页。

② 郁达夫：《〈日记九种〉后叙》，《郁达夫全集》第 5 卷，浙江大学出版社 2007 年版，第 214 页。

③ 郁达夫：《村居日记》，《郁达夫全集》第 5 卷，浙江大学出版社 2007 年版，第 76 页。

（四）表白之余：呼应与互文

两场不凡的爱情，被两部日记记录成了永久。但文字毕竟只是阶段的、暂时的，而生活的真实在于它一直会流淌，一直能验证。两部日记的主人都在正当年华的年纪死于非命，不免让人慨叹命运之弄人。

1931年，徐志摩罹难。之后，陆小曼一改往日作风，“素服终生，我从未见她穿过一袭有红色的旗袍，而且闭门不出，谢绝一切比较阔气的宾客，也没有再到舞厅去跳过一次舞”[①]。在写给胡适的信中，陆小曼自言：“我受此一击后，脑子都有些麻木了，有时心痛起来眼前直是发黑，一生为人，到今天才知道人的心竟是真的会痛如刀绞的，苍天凭空抢去了我唯一可爱的摩，想起他待我的柔情蜜意，叫我真不能一日活……”[②]接下来的日子里，她排解苦痛、强忍振作的良方就是为徐志摩编文集，《爱眉小札》自是其中之一。

今天，越来越多陆小曼当年同期的日记、书信被整理出来，那一段爱情故事就有了可以呼应的文字。看这一对热恋中的男女，一个在信里喊：“我再不能放松你，我的心肝，你是我的，你是我这一辈子唯一的成就，你是我的生命，我的诗；你完全是我的，一个个细胞都是我的——你要说半个不字叫天雷打死我完事”[③]；一个在日记里应：“摩，你放心，我永不会叫你失望就是，不管有多少荆棘的路，我一定走向前去找寻我们的幸福，你放心就是！”[④] 面对来自社会各方的压力，一个宣称：“我之甘冒世之不韪，竭全力以斗者，非特求免凶惨之苦痛，实求良心之安顿，求人格之确立，求灵魂之救度耳”[⑤]；另一个坦言：“做人为什么不轰轰烈

---

① 王映霞：《王映霞自传》，黄山书社2008年3月版，第257页。

② 陆小曼写给胡适的信。徐志摩、陆小曼：《你在心上，便是天堂（徐志摩与陆小曼的爱情手札）》，中国华侨出版社2012年10月版，第272页。

③ 徐志摩1925年3月10日致小曼信，徐志摩：《爱眉小札》（真迹手写本），上海古籍出版社2003年版，第107—108页。

④ 陆小曼1925年3月17日日记，徐志摩、陆小曼：《你在心上，便是天堂（徐志摩与陆小曼的爱情手札）》，中国华侨出版社2012年10月版，第229页。

⑤ 徐志摩“答复任公的信”，参见胡适《追悼志摩》，王任编《哭摩》，金城出版社2012年版，第42页。

烈地做一番呢？我愿意从此跟你往高处飞，往明处走……”[①] 而在爱情进入“最重要的交关”的时候，陆小曼在父母面前落败而归：“摩！我的爱！……为什么天公造出了你又造出了我？为什么又使我们认识而不能使我们结合？为什么你平白地来踏进我的生命圈里？为什么你提醒了我？为什么你来教会了我爱？爱，这个字本来是我不认识的，我是模糊的，我不知道爱也不知道苦，现在爱也明白了，苦也尝够了，再回到模糊的路上去倒是不可能了，你叫我怎么办？”[②] 徐志摩亮出了权衡利弊的天平：“听着：你现在的选择，一边是苟且暧昧的图生，一边是认真的生活；一边是肮脏的社会，一边是光荣的恋爱；一边是无可理喻的家庭，一边是海阔天空的世界与人生；一边是你的种种的习惯，寄妈舅母，各类的朋友，一边是我与我的爱。”[③] 陆小曼则以行动作了最好的选择。这样对爱和自由的追求，直让天地为之动容。

相对于陆小曼的早早被逼上前台，除了当年在《大风》旬刊的两次‘呼声’，王映霞完全的自我叙事要迟至20世纪80年代末[④]。那个时候，郁达夫遇难已逾40周年，而两人离异也近半个世纪。当年，小郁达夫11岁的映霞，几乎是这一场恋爱中一个无声的影子，人们当时能够听到的声音都是郁达夫发出来的，最初的《日记九种》，最后的《毁家诗纪》。日记出版后，“在社会上引起轰动，大家都知道郁在追求我，成为人们饭后茶余的谈话内容”[⑤]。这引起女主人公的强烈不满：“想起半年前在创造社出版部他的房间里第一次看到日记时，我大发脾气，写了一封信痛骂他，他来了封长信……信中说，‘我的日记是决不愿意在生前发表的’。可过了几个月就出版了，作为一个刚和他定亲的我，怎么会不气恼呢？

---

① 陆小曼1925年3月22日日记，徐志摩、陆小曼：《你在心上，便是天堂（徐志摩与陆小曼的爱情手札）》，中国华侨出版社2012年版，第235页。

② 同上书，第266—267页。

③ 徐志摩1925年8月21日日记，徐志摩：《爱眉小札》（真迹手写本），上海古籍出版社2003年版，第39页。

④ 《王映霞自传》，最初连载于台湾《传记文学》第55卷第1期（1989年7月号）到第56卷第4期（1990年4月号）。

⑤ 王映霞：《王映霞自传》，黄山书社2008年版，第57页。

他的日记的出版，事前我一点也没有知道。”[1] 当然，这样的“不快”到90年代初才得以让世人了解。从这个细节或可以看出，郁王之恋似不如徐陆之恋，沟通如此有效，意见如此统一，步调如此一致；而旧文人气更重的郁达夫，追求的“更多的是香艳与风雅”[2]。如果联系王映霞在自传中披露的更多细节，我们自会感慨这一对人人艳羡的“富春江上神仙侣”，何以最终竟走上悲剧的结局。

当然，与《爱眉小札》一样，《日记九种》也不是一纸绝唱。因为对“自叙传”理念的忠实，郁达夫的文字充满强烈的互文色彩，日记、书信和小说，往往因为共同关涉一个真实体验的对象而形成事实上的“互文”，被文字记录的人物、事件和情感可以通过不同的文本互相指涉、互相认证。于是，郁达夫同期写给王映霞的那些辗转流传于世的信函，或可以辅助我们解读《日记九种》，解读这一段乱世姻缘。

郁达夫和徐志摩都是民国思想启蒙运动中得风气之先并身体力行的现代文人。对爱情、对写作，他们都一般真率而坦诚，不虚饰、不掩藏，以真为美、以情动人，为文学告别虚假和丑恶作出了自己的表率。在这个丰碑上，《爱眉小札》和《日记九种》尤为值得记忆。

（原刊《海宁名人》第2辑，中国文联出版社2015年11月版）

三　郭沫若、郁达夫比较研究综述

五四——中国现代史上最富争议、最为复杂的一个时代，正是这个时代孕育了一大批中国现代史上杰出的文化精英。郭沫若与郁达夫，《女神》和《沉沦》，两个年轻人不期而至，发出“创造”的世纪呼喊，从此无可争议地跨入影响时代的精英行列。

文坛对二人的关注自二人发起创造社投身文坛开始。20世纪二三十

---

① 王映霞：《王映霞自传》，黄山书社2008年版，第57—59页。

② 韩石山：《徐志摩传》，北京十月文艺出版社2004年版，第330页。

年代，创造社的影响直接而迅猛，郭沫若与郁达夫非同一般的友谊及龃龉分合都一度上升到社会事件的程度。而真正意义上的研究，国内始于1945年郁达夫遇害之后；[①] 海外研究，主要是日本学者对两人关系的研究和考证，则在20世纪30年代末就开始了。[②] 自此以后，郭、郁比较研究在海内外长期备受关注。

（一）一个分期

纵观郭沫若、郁达夫比较研究的文章内容，引人注目的是一个时间分期——1985年。1985年以前，大陆郭、郁比较研究全部集中在对于两人交往的研究和考证上；1985年以后，作品、文本、艺术个性的比较研究逐渐兴起，并很快成为研究的焦点。为什么会出现研究方向上这样大的急转弯？又为什么是1985年？我们认为这主要基于以下两方面的原因。

第一，主要涉及这一研究领域的主角——郁达夫的文学地位和评价问题。郁达夫在文学史上的地位不是一开始就得以稳固确立和正面评价的，在新中国成立以后很长一段时间内，郁达夫一度因为“过分渲染了主人公的感伤忧悒的病态心理”，会使读者受到“不健康的有害的影响”[③]，而得不到文学史积极正面的肯定。直至20世纪70年代末80年代初，这一情形才渐趋改观。1985年，郁达夫遇难40周年，北京召开了纪念郁达夫烈士遇难40周年的大会。会上，胡愈之、夏衍等文化界政要高度赞扬了这位坦率真诚的优秀中国知识分子；而紧接其后的富阳国际学术研讨会上，日本学者铃木正夫公开了他于20世纪70年代即已基本完成的关于郁达夫死难真相的调查报告，这在史学界、学术界乃至整个社会都引起了巨大反响。1985年的两次会议对郁达夫爱国行为、历史地位和文学成就的高度评价，直接影响到郁达夫的相关研究。此后，不仅郁达夫的生平、思想、文学研究形成了一个不小的高潮，在郭、郁研究这一特定领域也迈开了大步——从1985年以前的考据实证式研究转入对二人

① 1947年11月27日《新民晚报》上发表了谈德《郭沫若回国与郁达夫被害之谜》一文，这是对二人交往关系探索的开始。

② 竹内好1937年6月1日于日本《中国文学月报》上发表《郭沫若〈达夫的来访〉解说》。

③ 刘绶松：《中国新文学史初稿》，人民文学出版社1979年版，第163—164页。

创作、思想、精神内涵等多方面深入的比较研究。

第二，在1984年12月中国作协第四次代表大会上，首次提出的“创作自由”口号直接触动了1985年后文艺界的精神走向。1985年是整个中国文艺界异常纷繁多样的一个年份。美术界、电影界、文学界、理论界都发生了许多开拓意义的事件，一时间呈现出“雪崩式的巨变”（李陀）①。在理论界，1985年被称为“方法论年”，信息论、控制论、系统论“三论”被批评家们借用到文学批评领域，整个理论界出现了从外国理论界借用新名词、新方法、新理论的大趋势。此外，“文学的主体与本体问题，现实主义和现代主义问题，文学与文化问题、观念创新问题，20世纪文学问题等等，可谓盛况空前”②。思想理念上的巨大震荡带来了文学实践上的巨大变化，1985年以后的文学批评脱胎换骨地发生着嬗变，批评角度、批评方法等都大胆和新颖起来，个性化的研究也多起来。理论、批评界的这一变化折射到郭、郁比较研究的领域，也无疑发生了效应。这主要体现在研究范围、研究视角上的开拓，尤其艺术创作、艺术个性比较在缺席了几十年之后终于被人拾起，并逐渐丰富起来。

1985年这“一个分期”不仅是郭、郁比较研究中一道重要的分水岭，也折射出了整个批评界、学术界在历史演进中的诸般变迁。而进入21世纪后的今天，文学艺术从理论、创作到批评都越来越开放、越来越多元，郭、郁比较研究也开始呈现出多样化的态势。

（二）一段友谊

尽管1985年以后，仍有部分文章以郭沫若、郁达夫之间友谊和交往的研究为视点，但这一研究主要还是集中在1985年以前。

总体来看，郭、郁友谊研究呈现出点面结合的特点。我们所说的“面”，指的是许多比较研究文章注重对郭、郁二人的友谊和交往做轮廓式的勾勒和描绘，以还原郭、郁友谊和交往的全过程。如于昀的《郭沫若与郁达夫》（载1978年12月25日新加坡《星洲日报·晨星》）、谢励武

① 参见吴秀明主编《中国当代文学史写真》，浙江大学出版社2002年版，第461页。

② 同上书，第467页。

的《谈郭沫若与郁达夫的友谊》[载《开封师范学院学报》（社会科学版）1979年第4期]、黄淳浩的《“二十年如一日”——郭沫若与郁达夫》（载《郭沫若学刊》1998年第4期和1999年第1期）等。

在这些整体研究中，研究者们都注意到了一条线索，即郭沫若、郁达夫的友谊与创造社历史的密不可分。一方面，这段友谊直接促成了创造社的诞生。两人友情的加深和密切是在“郭沫若同志谓之‘这就是后来的创造社的胎动时期’”[①]的1918年，可以想见，这段友谊的一端即联系着这个影响深远的社团的诞生；另一方面，二人友谊的发展和波折亦与创造社的发展、壮大、分裂这一段历史直接相关，并且多在这种互动结构中书写二人的交往。虽然侧重各有不同，但研究者们不会忘了这段友谊的曲折性，即郭沫若所言的“四次龃龉”，且大家也都注意到了第四次龃龉的非寻常意义，由此共同道出了郁达夫脱离创造社的原委，即认为郁达夫发表的《广州事件》一文是导火索，而根本的原因是“思想认识的歧异和政治上的不同态度”[②]，在这一历史事件上基本达成了共识。给郭、郁友谊做全景式的描绘，还原部分有证可考的历史，是交往研究所取得的突出成果。

“点”是指郭、郁交往中的某个片断，事实上这类研究文章几乎都不约而同地指向了二人交往史中一个非常特殊的事件——1936年年底郁达夫访日与1937年卢沟桥事变后郭沫若归国。这一事件，或可称作“郁达夫赴日本规劝郭沫若回国”，在前述部分文章中已有所涉及，甚至还有被单列章节作描述的，如谢励武《谈郭沫若与郁达夫的友谊》；另外，仍有不少专门为之的文章，数量可观，如王加慧的《郭沫若归国和郁达夫的活动》（载《安徽师范大学学报》1982年第4期）、黄清华的《心有灵犀一点通——郁达夫、郭沫若在日本的赠诗》（载《艺潭乡》1985年第3期）、张均的《郁达夫劝促郭沫若回国抗日——郁达夫旅闽史实考述之二》（载《郁达夫研究通讯》1993年10月总第11期）等。

---

① 谢励武：《谈郭沫若与郁达夫的友谊》，《开封师范学院学报》（社会科学版）1979年第4期。

② 黄淳浩：《“二十年如一日”——郭沫若与郁达夫》，《郭沫若学刊》1998年第4期和1999年第1期。

这一事件的受关注有许多因素。第一，1936 年的这次相聚是两人“绝交”、阔别十年后的重逢，在二人的交往史上本身就非比寻常；第二，两人在日本时期相互赠诗的文人做派在今人还颇具魅力，或者说两人的赠诗行径本身就给了许多学者研究的兴趣和灵感，黄清华的《心有灵犀一点通——郁达夫、郭沫若在日本的赠诗》一文就对诗作了富有意味的解读；第三，也是最为重要的一点，即关于历史真相的问题。由于政治因素掺杂其中，郁达夫规劝郭沫若归国的动机问题直接关系到郁达夫本人的历史定位问题，而事件本身的复杂程度又让真相显得扑朔迷离。在这一系列的研究文章中，我们基本可以理出个是非究竟来，特别是《郭沫若归国秘记》一书的发现（姜德明《书叶小集·郭沫若的归国与郁达夫的访日》，载《读书》1982 年第 6 期）提供了重要可信的历史事实，使我们相信郁达夫对郭沫若的殷殷深情，相信郁达夫这一举动并非怀有不可告人的政治目的，而是纯粹为了朋友、为了友谊。在王加慧《郭沫若回国和郁达夫的活动》一文中侧重对郁达夫活动的叙述，且多列举书信事实，虽然没有针对郁达夫动机问题亮出鲜明的判断，但所举材料亦足以使读者对事件了然于心，不至于对郁达夫赴日动机问题的纯洁性产生误会。可以说，对这个事件的深入挖掘已经完全为郁达夫洗脱了污名。

除了“点”“面”结合的研究格局外，友谊研究在方法上亦表现出较多的突破。首先，当然是实证研究的广泛运用。这类文章立足的根基便是史实，因此，在大部分文章中，文字资料、信件、电报都占据了非常重要的位置，特别是郁达夫“失踪”后，郭沫若先后于 1946 年 3 月、1947 年 10 月和 1959 年 10 月撰写的《论郁达夫》《再谈郁达夫》和《望远镜中看故人》三篇文章，更成为研究者乐于引用的一手资源。这里顺带提到一个问题，即在二人的交往研究中，资料的来源上存在着明显的不对等性，即郭沫若回忆、评论郁达夫的文章及说法在研究材料上占了绝对多数，这当然是郁达夫先逝的客观原因所致。不过这种信息的不对等性也造成了我们在理解二人友谊时会不自觉地站到郭沫若的视点上，所以知与不知也容易局限在郭沫若的视野中。这也是二人友谊研究中颇有意思的一个现象。另外，发表于 20 世纪末的黄淳浩《“二十年如一日”——郭沫若与郁达夫》，在研究方法上，完全抛开了传统的实证研究的框架，以顺叙的故事创作方式将二人一生的友谊交往娓娓道来，给人全新的感受；许风才的《郭沫若与郁达夫的〈友情与胃病〉》（载《西湖》1990年第2期）也是漫忆式地对二人创造社之初的一个交往片断作回顾。应该说这一转变正印证了1985年这一时间分期于研究方法突破后的研究状况。

与大陆的郭、郁友谊研究纠缠在一起的，便是海外该项研究。这里我们看到了两个非常有意思的现象：其一，所谓的海外研究来自清一色的日本学者；其二，研究的内容又是清一色的郭、郁两人的友谊与交往。为第一个现象寻找解答不难，在人生经历上，郭、郁二人与欧美文化界鲜有密切交往，却都拥有十年以上在日本长期居住的经历，他们不仅较多融入了日本的物质社会，亦较早融入了日本的精神文化世界——相比鲁迅，二人的精神气质和文学禀赋更易于为日本社会所赏识和接受。因而日本学者对他们投以关注也是顺理成章的事。至于为何要集中在交往研究，一方面可能与日本学界的热衷于实证研究有关，另一方面还可能涉及一个契机的问题，对海外学者而言，比较研究的发展比起单独的郭沫若研究或者郁达夫研究来说更需要启动一个外在的推动力。

（三）一个“自我”

在创造社的孕育过程中，郭沫若之所以如此器重和依赖郁达夫，当然不全是因为两者“同学”的交情，更重要的是两人在文艺追求上的志同道合。“郭沫若认为，‘文艺是出于自我的表现’，‘文艺的本质是主观的，表现的，而不是没我的，摹仿的。’郁达夫则这样表述他对文学创作的整体认识：我觉得‘文学作品，都是作家的自叙传’这一句话是千真万确的。’”[①] “自我表现”和“自叙传”可以说是郭沫若、郁达夫为他们各自构建的文学世界所确立的基本文艺观，由此可见，两人所显示出基本的文学精神是一致的，即两个人都极力张扬这一个“自我”，浪漫主义的精神使他们心心相印，很快便走到了一起。而对二人文学创作、艺术个性的比较研究最终也都汇聚到这一点上，即从各个角度对这一个“自我”的同和异展开论述。

---

① 蔡震：《郭沫若与郁达夫比较研究》，陕西师范大学出版社1988年版，第59页。

把两人的文艺追求概括为一个“自我”，本身已经包含了两人艺术个性上的切合之处，而这个根本上的一致也成为对二者的文学创作进行比较研究的一个基点。在广泛的阅读中，我们会发现郭沫若与郁达夫两个名字同时出现的频率非常之高，所谓“物以类聚，人以群分”，在现代文学史上，郭沫若与郁达夫身上明显地体现出可归类性的特点，即人们在研究习惯上易于将两人置于同一阵营，比如作为社团的创造社阵营，作为文学流派的20世纪中国文学的浪漫主义潮流阵营。

相比同一时期的文学研究会，创造社的流派特色更为显著，在创作上也更加呈现出一种统一稳定的风格，“该社团成员的作品大都侧重自我表现，带浓厚抒情色彩，直抒胸臆和病态的心理描写往往成为他们表达内心矛盾和对现实的反抗情绪的主要形式”[①]。因此在创造社的共同理论背景下，郭沫若、郁达夫的创作具有一定意义上的同质性，朱云才、徐红荣的《同质异构：早期创造社自叙小说比较论》（载《安顺师范高等专科学校学报》2004年第1期）、吕林的《前期创造社文艺观的唯美主义趋向》（载《江苏社会科学》2004年第2期）、许正林的《创造社：浪漫主义与宗教情感》（载《江汉论坛》2002年第6期）等正是从创造社的角度出发，同中求异，展开论述。

20世纪初的启蒙思潮中，“中国现代浪漫主义的萌芽形成了，并在随后更为深入、更为波澜壮阔的五四启蒙运动中迅猛成长，发展成为蔚为壮观的浪漫主义大潮”[②]。五四时期，创造社也正是作为浪漫主义的代表异军突起的。“五四浪漫主义文学的成就，以郭沫若的诗、郁达夫的小说为最。”[③] 郭、郁作为浪漫主义文学史上举足轻重的人物，在研究中将他们从意识形态意味较浓的社团中单独抽离出来，单纯从浪漫主义的角度出发展开研究，也成了深入研究的必然需求。

冯奇的《郭沫若与郁达夫的浪漫世界之比较》（载《中国现代文学研究丛刊》1990年第2期 ）、庄国华的《郁达夫与浪漫主义文学思潮》（载

---

① 钱理群、温儒敏、吴福辉：《中国现代文学三十年》（修订本），北京大学出版社1998年版，第17页。

② 陈国恩：《浪漫主义与20世纪中国文学》，安徽教育出版社2000年版，第7页。

③ 同上书，第78页。

《徐州教育学院学报》2001 年第 3 期)、朱寿桐的《中国现代浪漫主义作家的自恋情态》[载《盐城师范学院学报》(人文社会科学版) 2003 年第 2 期] 等即是在浪漫主义的大前提下做的比较研究。

郭沫若与郁达夫常常并肩作战并不意味着可以将两人的差异抹平，在注重“表现自我”上，无论是文学创作还是艺术个性，两人都是截然不同的。因而进入两人的创作文本，对这一个“自我”的差异性进行分析往往更体现出比较研究的价值所在。朱云才、徐红荣在《同质异构：早期创造社自叙小说比较论》一文中，指出了两人在自叙传创作上的不同，郭沫若是洋溢着诗人般浪漫色彩，极力倾泻，郁达夫则表现为低声呻吟，慨叹人生苦闷、生活艰辛；庄国华的《郁达夫与浪漫主义文学思潮》则指出了郭沫若与郁达夫是一积极一颓废，一热情一感伤，气质迥然有别；李文恕的《论郭沫若的“爱牟型”形象和郁达夫的“于质夫型”形象》[载《山西师范大学学报》(社会科学版) 1992 年第 3 期] 一文，则从两人塑造的不同的文学形象上寻找两人的不同特点……而像黄侯兴、蔡震的《郭沫若、郁达夫文艺思想比较论》(载《中国现代文学研究丛刊》1987 年第 1 期)，夏晓鸣的《鲁迅、郭沫若、郁达夫留学日本及艺术个性比较》(载《学术研究》1987 年第 3 期) 等，对两人的艺术个性及艺术思想做了比较，其立足点除了作为文学家的作品外，还涉及了形成两人创作风格的成长道路。这类文章显示出了一定程度上的综合性倾向。

文人精神世界的丰富与复杂牵引着研究的触角，而研究的展开和深入也拉近了我们与他们的距离。综合郭、郁文学创作及艺术个性比较的各篇文章，我们不仅看到了这两位文学巨人清晰的轮廓，而且熟悉了他们细微的表情动作。同是“自我”，一个是“开辟洪荒的大我”，另一个是“孤独感伤的小我”，相互辉映，无可取代。

(四) 一部专著

几十年的郭沫若、郁达夫比较研究中，成果最丰硕也最具代表性的当为中国郭沫若研究协会副会长兼秘书长蔡震。1988 年，陕西师范大学出版社出版了蔡震所著的《郭沫若与郁达夫比较研究》，这是迄今为止郭、郁比较研究领域唯一一部专著，其重要性不言而喻，故对该书的简要介绍与评价，当可以对往后的研究有所裨益。

蔡震是郭沫若研究领域的专家，扎实的郭沫若研究基础使他在进行郭、郁比较研究时较为得心应手。事实上，在《郭沫若与郁达夫比较研究》出版以前，蔡震已经发表了《理想主义激情与殉情主义感伤——郭沫若、郁达夫文艺思想比较之一》（载《文学评论》1986 年第 4 期）、《郭沫若、郁达夫文艺思想比较论》（载《中国现代文学研究丛刊》1987 年第 1 期）、《文学对自然的思考——郭沫若郁达夫比较研究札记》［载《陕西师范大学学报》（哲学社会科学版）1987 年第 2 期］等此项研究的论文，因此可以说这部专著的出版凝聚了蔡震几年文学研究的思考与成果。

在这部 20 多万字的学术著作中，作者分六章论述了郭沫若和郁达夫在文学生涯、文艺观念、社会责任感、美学倾向和艺术风格比较的方方面面，全面而有深度。作者非常注意从广阔的社会背景中来理解郭沫若和郁达夫，从影响他们的历史事件、文学文本方面来分析他们创作道路和人生道路的必然性和偶然性，深刻的了解和可信的史实使专著本身显得较为客观和中肯。专著所体现出的理论价值也值得我们注意，作者善于在自己知识背景中择取长处，应用于具体的分析论述。如对浪漫主义文学理论占有的丰富性使作者在论述与此有关的问题时游刃有余，一方面避免了套用理论引起的牵强附会；另一方面旁征博引，由此及彼，大胆地摆开论述的架势，因而对浪漫主义的复杂也生发出更深刻的认识。在洋洋洒洒的论述文字中不乏精辟的归纳，如“理想主义激情与殉情主义感伤”“‘开辟洪荒的大我’与沉沦的‘零余者’”等都非常准确地提炼出了郭沫若与郁达夫的精神特质的异同。此外，专著中还提供了一些重要的学术发现，如该书的第五章，“文学对自然的思考”，即从“自然”这个命题出发，分别考察两人与自然的关系，指出郭沫若视自然为神，而郁达夫则以自然为友的实质性差异，并沿着这条线索深入探察了两人不同的心理基础和不同的感受方式。

对专著的详细评述另可参考魏建的《在两个文学巨人之间的思考——读蔡震著〈郭沫若与郁达夫比较论〉》（载《郭沫若学刊》1990 年第 3 期）。完整、中肯、深入、创新，笔者以此来概括《郭沫若与郁达夫比较研究》这部专著的特点，应该并不为过，专著中对于一些问题的定位对后来众多的研究文章都产生了潜移默化的影响。即使在今天看来，出版于1988年的这唯一一部郭、郁比较研究专著仍将会在日后的研究中体现出其作用和价值。

（五）一点思考

从总体上来考察郭沫若、郁达夫比较研究的现状，可以发现两个最主要的问题：第一，研究成果并不丰富；第二，“擦边球”现象严重。

研究成果不丰富主要体现在：一方面，友谊交往研究文章数量占的多而进展不大。在我们统计的50余篇郭、郁平行研究文章[①]中，交往研究占到了50%；而在郭沫若与郁达夫交往的前前后后都基本达成普遍共识，其交往史已作为历史的一部分尘埃落定后，这方面的研究往往流于相互间价值不大的零散补充，资料性气味过重，研究味道明显不足，就是出现于21世纪的《三个灵魂的会晤》（载《四川文学》2005年第7期）也难脱其臼，鲜有实质性的突破。另一方面，对于两人文学创作、艺术个性比较的学术研究在数量上比较缺乏，占比不足20%，难以自成体系；而研究角度、研究方法上也显得不够出位，具开拓意义的文章不多见。或许，引入“影响研究”这一机制，应该会对该领域的研究有所启发，包括从情同兄弟的二人间的相互影响中寻找突破口。

所谓的“擦边球”现象是指在郭、郁比较研究中，许多研究者并非有意识地专门从郭、郁比较的角度进行研究，而往往把它作为其他研究的一部分。换句话说，“擦边球”现象即指有关郭、郁比较研究的成分有相当一部分是隐藏在其他的研究角度或过程中的，它并非整体，甚至也不是自足的主体，很多时候都是作为支持论点的某一部分而存在。比如朱云才、徐红荣的《同质异构：早期创造社自叙小说比较论》是在郭沫若、郁达夫、张资平三位创造社作家的比较中完成论述的，吕林的《前期创造社文艺观的唯美主义趋向》是就郁达夫、郭沫若、成仿吾三人进行比较论述的，夏晓鸣的《鲁迅、郭沫若、郁达夫留学日本及艺术个性

① 参见李杭春、吴秀明、盘剑主编《郁达夫研究资料索引（1915—2005）》，浙江大学出版社2006年版。

比较》也是如此。而在文学史著述中，二人平行研究的隐藏则更为普遍。不说海内外大量的中国现代文学史著作中，郭、郁几乎都被“捆绑”成“创造社”这一共同体内无甚差异的一分子，就是在李欧梵《中国现代作家的浪漫一代》、陈国恩的《浪漫主义与20世纪中国文学》等有关浪漫主义的专著中，对郭、郁两人大笔墨的评论中，比较其异同的成分亦是少而分散。另外，一部关于现代中日文学比较的专著——《中日现代文学比较论》（王向远著，湖南教育出版社1998年版）中，也注意到了郁达夫、郭沫若与日本“私小说”的关系，并有专节论述。不过限于中日比较的视角，作者从文学接受的角度（即如何受日本私小说影响）以及中日比较的角度（即两人的小说创作与日本私小说的异同）展开论述，在这里，作者无疑也是将郭沫若与郁达夫作为一个整体来论述的，涉及的只是两人创作气质上的共同性，并未谈及其差异性。私小说的影响是郭沫若研究与郁达夫研究中不容忽视的方面，而在郭、郁比较研究领域，“私小说”研究角度至今也是缺席的，这点理应引起研究者们的注意。

这种“擦边球”现象说明许多研究者都已经将探究的目光投向了郭、郁比较研究领域，客观上反映出此项研究的价值所在，更为我们在这一领域的继续深入确立了目标；另外，我们也不得不承认，由于缺乏自觉的比较研究意识，郭、郁研究成果至今仍显得相对贫乏和分散，无法形成一定的规模和体系，而“擦边球”现象的普遍存在，也必让人不断从中汲取丰富的资源和新的能量，丰富郭、郁比较研究的成果，逐渐使郭、郁比较研究的内容从“隐”走向“显”，使其朝着更完善更健康的方向发展。这将会是一个非常有意义的举动。

（本文与蒋烨琛合作，原刊《杭州师范大学学报》2007年第4期）

四　海外郁达夫研究漫评

郁达夫是一个早熟的天才，“九岁题诗四座惊”断不只是艺术的夸张。现有资料表明，今存最早的郁达夫诗作是1911年郁达夫转入杭州府中后发表于上海《神州日报》的《咏史》三首。本土的郁达夫关注即始于此后不久的1915年，几乎与郁氏创作同步。而当本文将考察触角探向海外郁达夫研究时，更发现日本、南洋以及欧美学者亦从20世纪20年代起陆续开始了对郁达夫的关注和研究，其关注和研究不仅半个多世纪以来持续不断[①]，而且在不同的研究侧面取得了令国内同行叹服的成果。

（一）日本学界的实证批评和资料研究

综合看来，日本学界的郁达夫研究总体上以实证批评为主，所做研究多建立在对郁达夫的资料搜集和生平考证的基础之上，风格细致缜密，所选角度又多和日本息息相关，诸如郁达夫在日本的经历，郁达夫与日本文学的关系，郁达夫之死等。

尽管郁达夫和日本文学界、汉诗界的交往几乎可以从郁达夫踏足日本开始，但是按照大久保洋子的划分方法，郁达夫在日本的接受和研究过程大致可以分为三个阶段[②]：第一个阶段是1927年到1945年，这个时期日本方面对郁达夫的研究以竹内好为代表；第二个阶段是1946年到1989年，伊藤虎丸和铃木正夫是这一时期日本郁达夫研究的重要人物；第三个阶段是20世纪90年代至今，以桑岛道夫等人为代表。

第一个阶段，日本学界的郁达夫研究以考证郁达夫在日本的经历和由此形成的风格为主。郁达夫的驰名日本，当自《沉沦》尤其是《过去》发表以后。1927年，山口慎一开启了日本研究郁达夫的先河。这一阶段日本的郁达夫研究多以介绍作家经历、作品特点及作家访谈为主，而真正的作品研究为数不多。据不完全统计，1945年以前，金子光一、大内隆雄、池田孝、小田岳夫等日本学者通过各种《辞典》《名鉴》及各类文学杂志发表介绍郁达夫的文章多达二十余篇，另有十多篇专门译介郁达夫的作品，而郁达夫1936年年底的再度赴日更在当地卷起了一阵不小的郁达夫旋风，各种访谈和报道随之出现。在这一阶段，郁达夫被认为是

① 20世纪六七十年代，当大陆郁达夫研究在学术界和出版界几乎一片空白时，海外学者却一如既往，为郁达夫研究保持了可贵的历史延续性。参见李杭春、吴秀明、盘剑编《郁达夫研究资料索引（1915—2005）》，浙江大学出版社2006年版。

② ［日］大久保洋子：《郁达夫小说研究在日本》，《中国现代文学研究丛刊》2005年第5期。

代表中国新文学的大作家，甚至与鲁迅并称，处于中日文化交流的中心位置。20世纪30年代中期，太田千鹤夫还直呼郁达夫为“中华文坛之雄”[①]。这一时期，日本译介中国现代作家及其作品的标准在很大程度上依据译介者的个人趣味。比如冈崎俊夫就曾说过，他所读过的郁达夫代表作品中，最喜欢的是《春风沉醉的晚上》，原因并不在于作品的社会因素，而在于十分个人化的感受。他说：“我对那主人公，在上海一个陋巷的卖垃圾的二层，被蜡烛照着呆呆看书的神经脆弱的他，喜欢得不得了。”[②] 因此，日本最早翻译的郁达夫小说是《过去》，而不是其代表作《沉沦》。可以想见，郁达夫受到日本文坛的重视，除了郁达夫自身与日本和日本文人的关系外，其作品受读者青睐，自是非常重要的前提。

1934年，竹内好以《郁达夫研究》一文完成了东京帝国大学中国文学科的学业。这可以说是日本最早的较全面和较学术的郁达夫研究。论文由两个部分组成，第一部分是对郁达夫生平的考证，第二部分是对郁达夫前期创作的历时性分析。竹内好的研究几乎涵盖了后来郁达夫研究者所关注的诸多问题：郁达夫从“诗人”到“作家”的发展过程；郁达夫小说中的非理性倾向；郁达夫的苦闷和世纪末思潮的根本性差异；郁达夫小说和日本现代文学的关系，如田山花袋的《棉被》和郁达夫小说在主题、方法、社会影响等方面的相似。显而易见，竹内好对郁达夫文学活动的分析是建立在其对郁达夫生平、思想的足量考证和丰富的日本联想的基础之上的，这确乎奠定了日后日本学界郁达夫研究的特有范畴和风格。

第二次世界大战结束和郁达夫“失踪”以后，日本学界的郁达夫研究即从印象性的访谈或随笔逐渐转为严谨深入的学术考证研究，从而进入了第二个阶段。

伊藤虎丸是继竹内好之后日本郁达夫研究领域的另一重要学者。20世纪50年代末和60年代初，伊藤虎丸对郁达夫早期小说的系列研究，深

---

① 参见李杭春、吴秀明、盘剑编《郁达夫研究资料索引（1915—2005）》1935、1936年“报刊文献索引”，浙江大学出版社2006年版。

② ［日］岡崎俊夫：《楽焼の郁達夫》，《中國文學月報》1935年第4期。

度挖掘了郁达夫的经历、气质、思想及其在文学上的表现，以及日本现代文学和郁达夫小说的关系；1969 年和 1974 年，由伊藤虎丸、稻叶昭二、铃木正夫三位学者共同编著的资料集《郁达夫资料》及其补编，先后由日本东京大学东洋文化研究所附属东洋学文献中心印制出版，均为“东洋学文献中心丛刊”专辑之一，收录郁达夫著作目录、著作发表报刊目录、参考资料目录及年谱等，该书还收录了郁达夫留日时期的作品以及编者对前日本宪兵进行的有关郁达夫之死的访谈记录。1989 年，这三位学者又共同修订和增补了《郁达夫资料总目录附年谱》上下两册，这是目前日本最完整的郁达夫研究工具书。以伊藤虎丸、稻叶昭二、铃木正夫等为代表的郁达夫资料研究，将郁达夫的生平考证、创作研究考证和资料考证融为一体，成为日本学界真正意义上具有科学性的郁达夫研究的开端。

稻叶昭二和铃木正夫亦以严密的实证研究著称。如稻叶的《郁达夫：他的青春和诗》收录了郁达夫留日时期的旧体诗，仔细考证了郁达夫生平、郁达夫在日本的留学生活及其跟日本文人的交流。附录部分还收录了冨长觉梦的回忆录和郁达夫高中时代与同学的书信，并且详细论述了郁达夫和日本诗人服部担风的交流以及郁达夫的留学生活。稻叶昭二还通过研究郁达夫长兄郁曼陀的旧体诗来仔细分析考证郁达夫的家庭生活环境。

日本学界对郁达夫之死一直都有着特别的关注，这或许是由于郁达夫的死和日本人到底脱不了干系，这一事实使得日本学界有种特别矛盾的责任感。1946 年 2 月 13 日，郁达夫“失踪”不到半年，日本《改造日报》就刊出了题为《郁达夫的最后》的文章，传递了日本学界对郁达夫命运的关注；而在 1947 年 6 月 22 日的《每日新闻・星期天周刊》上，林炳燿的《郁达夫君的最后——与日本军阀的魔手斗争的中国作家》，首次相当明确地将郁达夫的死和日本军阀的魔手联系起来。此后，冈崎俊夫 1947 年 9 月在日本《中国文学》第 99 号发表的《郁达夫在苏门答腊》，近藤春雄收录在 1949 年 10 月日本新泉书房出版的《现代中国的作家与作品》一书中的《八高出身的作家郁达夫之死》等，都直视了郁达夫最后的流亡和死亡，并试图破解其中之谜。对这一问题的考证取得重大突破的是铃木正夫。铃木正夫从一开始就选定对郁达夫的死亡之谜展开研究，为此他只身三次下南洋，深入苏门答腊丛林，对战后遗留在苏门答腊的日本人一一访谈，听取有关郁达夫最后的消息，彻底追究郁达夫失踪的真相。当然，铃木正夫考证真相的初衷，本是为了洗清日本宪兵的嫌疑，因为郁达夫“在日本人手里惨遭横死，真是令人难以置信，也不想置信的”[①]。因此，作为铃木正夫最早的郁达夫考证成果，1969 年 7 月 1 日发表在日本《大安》第 15 卷第 6 、7 号合刊上的《郁达夫与日本人在苏门答腊》，和次年 5 月 1 日在日本《中国》杂志第 78 号上发表的《郁达夫之死——浪漫主义者流亡的结局》，包括载于 1971 年 2 月台北《纯文学》总第 47 期的《郁达夫的流亡与失踪》，都试图将结论引向不确定的地方。直到郁达夫遇难 40 周年的 1985 年，铃木正夫才在烈士家乡的富阳公布了《郁达夫被害真相》的研究报告，“试图在尽可能的范围内，留下一份正确的记录”[②]。不难想见，铃木正夫的研究报告是日本式实证批评重史实、重考证的学术品性的一个体现，当然，他那以不可实指的隐饰宪兵姓名的“非实证”做法，受到了国内学者罗以民的质疑[③]。

20 世纪 90 年代以后，日本的郁达夫研究进入第三个阶段，并呈现出了新的特点：方法论的多样化和研究态度更加学术化。日本学界的研究视角较之前两个阶段更加严密精致了，在重视建设性的同时还追求独创性，这其中郁达夫和日本的关系仍是日本学者得天独厚的一个研究角度。比如日本学者对郁达夫小说与日本私小说的比较研究。桑岛道夫对以往的郁达夫小说和私小说的比较研究表示不满，认为日本的小说家可以离开现实社会独立追求自己的艺术，与此相反，中国没有像日本那样的文坛背景。这为揭开郁达夫小说的私小说特征作出了积极的贡献。大东和重也根据对田山花袋的《棉被》的新看法，即非私小说论，认为《沉沦》存在批判主人公的叙述者的客观视角，便于读者发现作品中的自我形象，从而与传统的私小说理念不相谋合。

从这些研究中可以发现，日本学界的郁达夫研究逐渐摆脱了对中国

---

① ［日］铃木正夫：《苏门答腊的郁达夫》，李振声译，远东出版社 2004 年版，第 3 页。

② 同上书，第 4 页。

③ 参见罗以民《天涯孤舟——郁达夫传》第 5 章第 7 节《质疑铃木正夫》，杭州出版社 2004 年版。

的依赖，完全形成了致力于探讨“郁达夫和日本的关系”这一独特研究视角，以及精密细致、扎实严谨的日本式研究风格。

（二）南洋学界的郁达夫情结和郁达夫神话

本文对南洋学界在地域上的划分，主要包括地处东南亚的新加坡、马来西亚、印度尼西亚、泰国以及中国港台地区。南洋学界的郁达夫研究特色若一言以蔽之，大致可以表述为研究上的主情性。相当一段历史时期内，内地的文学研究，政治观念先行、政治标准第一的病患，屡难禁绝。当年的郁达夫研究亦不例外。新中国成立以后，既已给郁达夫冠以“颓废”“暴露”“消极”等标签，研究也就沿着既定思维进行。20世纪50年代以后，内地郁达夫研究逐渐式微，终至静寂无声，几乎整个60年代，所见俱是中国港台、新马、日本、欧美之研究[①]。所幸郁达夫有着与鲁迅的良好关系，20世纪70年代以后，郁达夫才得以鲁迅的那首《阻郁达夫移家杭州》诗重回本土研究者的视野。

与中国内地先验地将郁达夫拒之千里之外的研究思路截然相反的是，南洋作为郁达夫最后的漂泊地，人们对于他的研究多少带有些纪念的、体悟的、探秘的甚至神话化的因素在里面。溯其历史缘由，概因郁达夫在南洋八年，尤其在新加坡和印尼流亡期间，积极参与抗日活动，掩护了很多流亡海外的国内人士和当地住民，在坊间赢得了良好的口碑；同时零距离的言传身教，让很多日后的南洋学者都受其文学才华和人格魅力的直接感染或影响；而充满神秘色彩的死，更让同处一片天空下的南洋学者唏嘘。所以，南洋学者的郁达夫研究中，渗透着浓重的郁达夫情结和郁达夫神话，这一情结使一代又一代的南洋郁达夫研究终于共同呈现为重体悟和感念的主情批评。

南洋学界的郁达夫研究起始于郁达夫涉足南洋。从最初新闻报道的追踪郁达夫行迹，到执掌《星洲日报》不久惹起的新马文学新人的围攻；从因《毁家诗纪》引发的议论、非难或同情，到抛开个人情怨，完全投

① 参见李杭春、吴秀明、盘剑编《郁达夫研究资料索引（1915—2005）》1962—1970年“报刊文献索引”，浙江大学出版社2006年版。

身南洋文化抗战，郁达夫以自己的率真个性和坚定气节赢得了南洋学界的尊崇和爱重。

随着郁达夫消失于南洋，追怀和感念成为南洋学界郁达夫研究的一大主流。这一研究主题甚至一直延续到20世纪80年代中后期。这些研究者包括当年与郁达夫一起流亡于赤道线上的内地作家，如胡愈之、沈兹九、王任叔、张楚坤、了娜、金丁等，多直接见证或共同经历了郁达夫南洋的生活轨迹，所以对这段往事具最权威的发言权；其文字都带有追忆的性质，目的在于通过对郁达夫在南洋进行的文化活动的系统梳理，传达对这位命运多舛的文人的纪念。1958年7月，由李冰人、谢云声合编的《郁达夫纪念集》由新加坡南洋热带出版社出版，收录了南洋各地和内地流亡南洋且与郁达夫有密切接触的作家回忆、纪念、研究郁达夫的论文30多篇，当是其时对南洋学界郁达夫纪念和研究的一个重要检阅。这些感怀追忆的文字有的还出自宗教人士之手，如从厦门去新加坡的释广洽僧人追怀了与郁达夫在新加坡交往的情形。在他看来，郁达夫是洒脱之人，有学者风范，不摆架子，也无宗教色彩，在体验追怀之中，文字充满了淡淡的感伤。而出生于马来西亚的华裔学者王润华和早年即往南洋谋生的吴继岳（珊珊）等，则在其后很长一段时间里延续了这一研究主题。

这种追怀式的感情渗透多少会影响研究者的价值批判。1939年，吴继岳从泰国到新加坡，与郁达夫共事两年多。郁达夫对吴继岳旧体诗创作的指点和修改，他感觉到郁达夫真是其“良师益友”；而对于郁达夫放浪形骸的生活态度和我行我素、不愿压抑个性的人品，吴继岳也多加赞赏——在他看来，郁达夫表面上“醇酒美人”的生活，并不影响他“好色而不淫”的底线和根本。郁达夫遇害以后，吴继岳不仅先后在泰国曼谷、新加坡、中国香港和内地的报刊上发表多篇悼念郁达夫的文章；在证明和评价郁达夫的文学素养时，亦多从郁达夫的“胸罗万卷”和“博闻强记”等感性推断入手，似无更理性客观的论证和评价。被神话了的郁达夫形象因之显得纯净、高大而完美。

南洋学界也有考证性的研究，比如早年即离开家乡奔走南洋的郑子瑜。1937年元旦，郑子瑜前往郁达夫路经厦门下榻的天仙旅社拜访这位神交已久的大文豪，第二天，还与赵家欣、马寒冰一同去为郁达夫送行。结识郁达夫，影响了郑子瑜一生郁达夫研究的基调。就在这次拜会中，郑子瑜向郁达夫透露了自己写作《郁达夫诗出自宋诗考》的意图（尽管该文的问世晚至37年以后）。众所周知，郑子瑜对郁达夫的旧体诗研究颇深，其《郁达夫诗出自宋诗考》对郁达夫的旧体诗进行了详尽的考证。郑子瑜的研究是基于系统的比较研究基础之上的，他称郁达夫的诗作“纵横的才华，潇洒的神韵，则尤非仲则所能及”①，认为郁达夫的诗“无论从哪个角度来看，都比宋诗要好得多”②。显然，与日本学界纯客观的考证不同，郑论不可避免地附有个人喜好和感情色彩。

新生代的南洋学者对郁达夫的研究也多少受到这样一个特定学脉传统和人文语境的影响，无论是土著的新马华人后裔，抑或旅学南洋的内地青年学者。20世纪80年代以后，新一代的新马学人王慷鼎、姚梦桐以大量南洋学者的漫忆为基础，试图从中找寻勾勒和品评郁达夫在南洋的生活轨迹、社交活动及文学才能的线索。1987年9月，姚梦桐以自己硕士学位论文为基础写就的《郁达夫旅新生活与作品研究》一书，由新加坡新社增订出版。这部著述对郁达夫1938—1941年在新加坡的抗日救亡活动、编务活动、社交活动和写作情况进行了系统的整理，比较真实地还原了旅新时期郁达夫的人生经历，对郁达夫抗日救亡过程中的作用给予了高度评价，并由衷地赞誉了郁达夫在南洋文坛上的作为，可谓与早年南洋学者的郁达夫情结遥相呼应。

耐人寻味的是，这一学脉文统在新世纪的南洋郁达夫研究中仍得到传承和体现。两位来自内地的年轻学者在旅学新加坡后，不约而同地选择郁达夫自我放逐南洋的心态为博士阶段“考古文学南洋”的首选对象和角度③，对郁达夫远离故土、放逐并消失于南洋的最后经历和心态，做

① ［新］郑子瑜：《琐忆达夫先生》，见蒋增福《众说郁达夫》，浙江文艺出版社1986年版，第154页。

② ［新］郑子瑜：《郁达夫诗出自宋诗考》，见陈子善、王自立编《郁达夫研究资料》，花城出版社、三联书店香港分店1985年版，第629页。

③ 这里指朱崇科《丈量旁观与融入的距离——郁达夫放逐南洋心态转变探因》和夏菁《郁达夫自我放逐南洋的神话——浪漫文人/抗日英雄/商人/烈士?》。

了许多让人感喟的探究，这些探究正如师从王润华的朱崇科所希望的那样，力图阐明“郁达夫在南洋的转变其实是他固有的浪漫气质中的革命情怀与南洋情境所构成的现实土壤对个体的内化相结合而产生的”[①]，从而将郁达夫神话延展到了一个更为学理的层面。

综上所述，南洋郁达夫研究是以其一以贯之的情感为先打动郁达夫研究界的。在这块见证了郁达夫最后的奋斗和拥抱了郁达夫最后的生命的土地上，对郁达夫无论如何的神化和美化都是其一贯的文学传统和研究精神的体现。不过让人遗憾的是，南洋学界未能以地利之便，对郁达夫创作于南洋、创作于生命的最后阶段的大量政论、诗词、游记作更深入独到和客观公正的研究——或许，这也正是我们期待于后来者的发掘。

（三）欧美学界的文本批评

20世纪五六十年代，当中国的文学批评还处于政治话语和意识形态的框架之内时，欧美的文学批评已经步入了一个新方法、新理念层出不穷的新阶段。具体到郁达夫研究，欧美学者也受到了拓进中的文学理论思潮的极大影响，主要呈现为：以个性化批评为主流，处于结构主义、原型批评等文本批评层面之上，极其重视研究文本的互文性，特别注意文本的表现形式等问题。这是一种与社会学批评迥然有异的文本批评。

首先需要明确的是，这里所指的欧美学者，主要包括西欧、东欧、北美和大洋洲的郁达夫研究者，其中相当一部分是旅居海外的华人学者，还有一部分是欧美本土学者，其代表人物有美国的夏志清、钱格、郜淑禧、李欧梵，捷克的普实克、安娜·多勒扎洛娃、A. 符尔科娃，荷兰的黎德机，苏俄的B. 彼得洛夫、B. C. 阿德日玛穆托娃等。

对于在海外从事研究的华人学者或旅西学者而言，不同于中国本土的学术背景和思维方式，使得其学术观察点和立足点呈现出与中国内地研究者较为明显的差异性。在拥有异域背景的华人研究者看来，其自身的海外经历与研究对象郁达夫之间存在着某种共通性。站在这个制高点

① 朱崇科：《丈量旁观与融入的距离——郁达夫放逐南洋心态转变探因》，见李杭春、陈建新、陈力君《中外郁达夫研究文选》，浙江大学出版社2006年版，第486页。

上，他们可以更加感同身受地体验到不同文化的冲突，就此形成自身的学术优势。比如，留澳大利亚学者张雪莲的研究文章就一针见血地从两种文化对比来研究郁达夫，她的《自我身份（认同）危机：两种文化中的孤独者和漫游者郁达夫》一文，将郁达夫作品分类为“孤独者故事”“漂泊者故事”和“落魄者故事”[①]。这一研究表明，张雪莲正是从文化视角对比、冲突的角度，指出了郁达夫作品中的主人公处于反抗传统和不断向传统忏悔之间的煎熬中。

美国学者夏志清很早就认识到郁达夫的主人公充满了一种令人紧张的神经质状态，但他不否认其中的社会、道德意义。比如《春风沉醉的晚上》和《迟桂花》中的自传式主人公，有着谨守儒家礼教规范的品行；而表现这种颓废后的守礼的最成熟的作品是《过去》，这是一个浪子面对人类悲哀和正直而产生的自惭而快乐的觉醒[②]。钱格也注意到了郁达夫小说的独特吸引力，即一种和人类心灵深处最动人的感情联结在一起的吸引力。

结构主义—原型批评是欧美学者郁达夫研究的另一重要方法。这一批评方式与索绪尔语言学的发展密切相关，研究者们致力于找寻表象背后的深层结构，发现能指背后的所指，还原原初性的意象和主旨。郜淑禧的研究就很有结构—原型批评的意味。她试图划出一定数量的主题核心，并从中揭示出一些富有意义的结构。比如郁达夫小说人物的性格特征。在郁达夫不同时期创作的小说中，他们以孤独的文学青年的各种面貌出现，而究其根本，则不外从若干浪漫主义作品得来的“个性主义”和“自我”意识。郜淑禧认为，透过“自我”意识这一视域，郁达夫笔下的文学青年看到了“非我”，看到了“非我”和“自我”的区别。从而，当他把自己当作“他”，也就导致这一文学青年既不能正确地认识自我，亦无法建立和维持与他人的正常关系，这就从根本上注定了郁达夫笔下的主人公的漂泊和不稳定[③]。

① ［澳］张雪莲：《自我身份（认同）危机：两种文化中的孤独者和漫游者郁达夫》，《山东社会科学》2004年第11期。

② ［美］夏志清：《中国现代小说史》，复旦大学出版社2005年版，第76—78页。

③ ［美］郜淑禧：《郁达夫中短篇小说的结构和意义》，见陈子善、王自立编《郁达夫研究资料》，花城出版社、三联书店香港分店1985年版，第726—727页。

欧美学者的郁达夫研究还在于对郁达夫创作中互文现象的关注。互文性理论在欧美学者的研究中相当普遍，即强调文学历史中的文本存在着普遍的相互联系和相互指涉关系。文本和文本之间具有某种可以通过引用、拼贴、模仿甚至剽窃等语言痕迹予以确立的关系特性。郁达夫创作中的互文现象比比皆是，小说和小说之间、小说和散文之间、散文和散文之间……通过考察文本之间的复杂关系，可以更加深刻地揭示文本。李欧梵的研究角度更加细腻——郁达夫作品中史无前例的文本引用，他用“文本交易”（textual transaction）[①] 的方法来研究中国现代文化史上的吸收西学现象。从《沉沦》到《南迁》，郁达夫引用了不少英国和德国的浪漫主义作家的相关内容，这两篇小说可以说都以华兹华斯为开端，以歌德作了结。在《沉沦》中，华兹华斯的《孤寂的高原刈稻者》不仅被借用，而且其中的孤寂情绪也迷散到了《沉沦》的文本之中。而在《南迁》中，李欧梵进一步发现，这篇小说的抒情重心来自歌德的名诗《迷娘》。李欧梵立足于文本本身，查到《南迁》七个小节的小标题都注有德文，并且这些名词都和歌德小说有关，他进而推断出这篇小说的灵感来源于歌德。而作为郁达夫的“处女作”《银灰色的死》，除了两位英国作家的作品以外，还引用了一段华格纳的歌剧。通过对郁达夫《南迁》《沉沦》《银灰色的死》的文本引用的分析，可以得出这样的结论：将其他文本引入到创作的文本以后，必然会产生一种艺术上的“化学作用”。郁达夫在早期的小说中常常汲取德国浪漫主义的精髓部分（歌德），辅之以英国浪漫主义诗歌（华兹华斯和道生），为其早期小说创造出了一个个人融入大自然美景的抒情境界，他又将这种境界和西方文学中的世纪末和颓废美学及意识连在一起。他的这种西方文学的“文本引用”，具有相当的研究价值。

此外，欧美学者较早地关注了郁达夫创作的表现形式和艺术手法问题。由于郁达夫一直热衷于传达自己的内心感受，因此，郁达夫既以与此相应的表现形式，如日记、书信、诗词等，“即兴地”表达个人体验，

---

① ［美］李欧梵：《引来的浪漫主义：重读郁达夫〈沉沦〉中的三篇小说》，《江苏大学学报》（社会科学版）2006 年第 8 期。

亦有把个人经验戏剧化的第三人称写作的叙事文或中篇小说。对此，捷克学者普实克认为，郁达夫创作的基本原则就是“个人经验的文学化”[①]过程。普实克将《十一月初三》归为即兴体验类，而将《沉沦》归为经验戏剧化类，以此来勾勒郁达夫作品内在情绪的发展线索。同时，郁达夫常用的种种方法：被感情的不时爆发所打断并活跃起来的回忆片段，对自然的描写、回忆、想象、梦幻、人物形象，以及把个人经验纳入到“小说复合体”的精心结构之中，等等，亦得到了普实克充分的认定和阐释。

综合来看，欧美学者的郁达夫研究始终是立足于文本本身的文本批评。在文学传统上，欧美学者有其独特的参照系、社交活动及文学才能的线索。他们更多地考虑到中西观念上的对比与对立的冲突；在学术批评上则受到了盎格鲁—撒克逊式的学术批评的影响，总体上呈现出关注文本本体的表现形式这样一些基本特征。

综上所述，无论从历时或共时、广度和深度的何种角度来看，海外郁达夫研究都堪与内地郁达夫研究媲美。而相对来讲，资源掌握利用的优势和便捷，批评方法的快速更新，学术视域的足量开放，治学研究的高度敬业，使得海外郁达夫研究在相当程度上甚至达到了内地郁达夫研究无法企及的高度，为揭示郁达夫神话提供了独特的角度和充分的考证。这足以与内地郁达夫研究形成一种互补和互动，并且很多时候我们或许还可以从海外学者的研究中汲取更多的营养。

[本文与梁译心合作，原刊《浙江大学学报》（人文社会科学版）2007年第5期]

① [捷克]普实克：《论郁达夫》，陈子善、王自立编《郁达夫研究资料》，花城出版社、三联书店香港分店1985年版，第653页。

五　20 世纪中国文学视域中的郁达夫

2006 年 12 月 7 日，由中国现代文学研究会和中国现代文学馆主办，包括北京大学、复旦大学、浙江大学在内的五所高校和多家单位协办的纪念郁达夫诞辰 110 周年国际学术研讨会在郁达夫的故乡浙江富阳召开。

每十年一次的大型“郁会”都给了郁达夫乃至整个中国现代文学和现代作家研究以有益的推动。二十年前首次“郁会”的划时代意义在于确立了郁达夫“爱国主义者和反法西斯的文化战士”的政治地位和“现代第一流的诗人和作家”的文学地位，直接影响了 20 世纪 50 年代以后的中国现代文学史书写传统；十年前的“郁会”则将郁达夫研究深入到更加文本、更加文体的学理层面，关注和肯定了郁达夫给予中国新文学方方面面的贡献。

本次“郁会”既邀请了国内外郁达夫研究界的知名学者，也打破了学术研讨会的旧有规约，将知名作家如贾平凹、李杭育、叶文玲、王旭峰等请上了学术讲台，共同研讨 20 世纪中国文学视域中的郁达夫的“传统与现代”——人们试图探讨郁达夫正是那样一个秉承了传统又开启了现代的 20 世纪文学巨人。

（一）郁达夫与传统文化

从大会收集的 50 余篇（部）论文、专著和相关的会议发言、讨论来看，郁达夫与传统文化的关系，被具体从与传统人格、宗教文化、江南民俗、楹联艺术、古典文学、魏晋文章、旧体诗词等的关系中得到阐释。

李标晶（杭州师范学院）在其“郁达夫与佛教”的发言中指出，郁氏创作中存在着由早期的浪漫主义激情和情欲躁动到后期的平和与情欲净化的明显变化。郁达夫后期作品一洗前期歌哭无端，减弱了带颓废美的色调，越来越摆脱个人情感纠缠，进入参透物我两忘的“禅悦”境界，体现了人性与佛性交织的复式结构。而杨剑龙（上海师范大学）则从带宗教色彩的郁达夫小说人物拯救者和受难者与情节模式、驱妖模式和忏悔模式中，看到了郁达夫与西方基督教文化的密切关系。

楹联、诗词是我国文学艺术的精粹。郁达夫旧体诗词的艺术成就在现代作家中首屈一指。当年刘海粟称郁达夫文学成就中“诗第一，散文第二，小说第三”的时候，似乎并没有引起很多的共鸣。今天，越来越多的研究者熟悉了郁达夫的天赋诗才。陈福亮（浙江省绪石博物馆）将郁达夫的旧体诗词视作“民国旧体诗坛的上之作”，他在研究中发现，郁达夫不写新诗的原因之一可能是其“好友郭沫若和徐志摩是这方面的高手”，而自己又“是个心雄万夫的人”，既不想“掠人之美”，在新诗写作上又不具备强于人的实力，故专攻旧诗。潘颂德（上海社会科学院文学研究所）高度肯定郁诗是“我国诗史中的精品”。其思想内容和艺术技巧都值得我们渗入渗出研究。黄杰（浙江大学艺术系）则从郁诗中看到了“旧体诗在现代社会的新运用”，郁达夫不仅在其小说、散文、游记中“以文传诗”，《毁家诗纪》的诗下注释更是“开创了一种新的诗文合璧形式，以前是文中镶嵌诗，他这里是以诗牵带文”，直具石破天惊之意义。朱少璋博士（香港浸会大学）对《偶感》“体与情的巧妙配合”，在选体、对偶、用韵上的匠心独运，亦给予了相当的评价。周根潮（富阳市富春江经济开发区）几年间刻意收集了二十余副郁达夫作的对子，这些对子大多为即兴之作，而从对仗、平仄、用典、体例等诸方面考察，这“信手拈来的几副对子，副副堪称杰构，文光四射”，为后世留下了一份沉甸甸的遗产。

“郁达夫创作与江南民俗”是徐华龙（上海文艺出版社）的论题，他从民俗学角度出发，考察了郁达夫作品中大量存在的对家乡民俗文化的自然流露，这些渗透在江南人衣食住行方方面面的民风习俗，不仅使郁氏创作处处流淌着一种传统文化之美，更与其所表达的思想情绪密切相关。

作为一位“名士气最为浓郁”的现代文人，郁达夫与古代文人和文化之间有着鲜明的传承。作家叶文玲（浙江省作协）将“郁达夫”拆文解字，曰郁乃忧郁，达乃豁达，夫则伟丈夫也，此种解读似与廖鸿灵（浙江医学高等专科学院）在其论述“郁达夫散文与魏晋文学的关系”一文中描述的郁达夫人品和文品中愤世嫉俗、通达秀逸、狷介耿直的魏晋风骨异常吻合。而邱岭（福建师范大学外语学院）《一论郁达夫小说与日本古典文学》则从真实性这一特定角度探寻日本现代“私小说”之根，即一千多年前始于日记的告白小说，而郁氏小说好像更近于后者古代女流日记而与前者现代私小说有一定的距离，以此不难推断，郁达夫与日本古典文学绝非没有关系。

郁达夫实在是一个汲取了东西方传统文化之优长的现代文人，正如王晋光（香港中文大学中文系）所谓：“郁达夫一生，处处流露其传统思想根深蒂固。”其所作所为，无时无刻不反射与传统文化相连的影子，而郁达夫更让人感喟的或许还在他对传统文化精神的现代转化。刘鹤（杭州科技职业技术学院）关于“郁达夫与浙江精神”的研究中就有这方面的发现。他看到，在郁达夫身上，既有传统知识分子“务实求真，以天下为己任”的人生精神、重气节轻生死的“大丈夫”精神，又有现代知识分子“以人为本”的启蒙主义精神。它们无疑体现了郁达夫对浙江精神——在浙江这一地缘群体中体现的中华民族整体的传统文化精神——的传承和发展。

（二）郁达夫与我们的时代

郁达夫小说中的性、疾病和死亡，他的参与抗战的政论文章，他的“人文旅游”，他的鲁迅观和与鲁迅、茅盾、郑振铎等现代文豪的交往与友谊，他的婚姻和爱情，他的精通多国语言的天赋……本次“郁会”与会者对郁达夫其人其文的多侧面多角度的探讨和发现，无不指引着我们对这位现代作家与“我们的时代”的密切关系的思考。

“一个人的性是什么，这个人就是什么。”这段现代性心理学家蔼理斯的名言被范家进（浙江工商大学）用在了《沉沦》的重读上。它几乎画龙点睛了郁达夫从《沉沦》显示出来的那种“袒露自我、张扬个性、适性任情、疏离主流的为人为文风格”“因为它触及的是中国古老传统道德秩序中一根极为敏感的神经”。而主人公的性苦闷、性变态又与其详细的生存现实密切联系在一起。故与当今文学中性描写的泛滥成灾迥然有别。

在对“性欲和死”这两大“人生的根本问题”的表现中，郁达夫对后者的偏爱，在方仁英（郁达夫研究会）的"论郁达夫小说中的疾病现象"和黄健（浙江大学中文系博士生）的"论郁达夫早期小说中的死亡意识"两篇论文里有精彩的阐述。病乃生与死之廊桥。在郁达夫全部 44 篇小说中，涉及各种身躯疾患和精神疾患的就占 37 篇。方仁英指出它们既与郁达夫身上传统文人虐己自娱的名士心理相关，更能昭示现代人忧郁感伤、苦闷无助的"零余者"心态，隐喻社会失序，彰显生命和人性的尊严。而黄健认为，郁达夫早期小说中性观念的矛盾和信仰的缺失，直接凝聚为作家的死亡焦虑，以此形成的独特的死亡意识。不仅验证着"五四"启蒙语境中文学知识分子的某种困惑，也在寻找并确立英雄、进而超越死亡焦虑的过程中，预示了作家的转型之路。

"人文旅游"，是一个融人与自然、人与社会、人与自我三大要义于一身的全新的现代旅游理念。吕洪年（浙江大学中文系）和沈建国（杭州市国内经济合作办）在研读了郁达夫近 20 万字的游记之后，深切感悟到郁达夫真正是我国现代人文旅游的先行者和开拓者。其游记则是我国现代人文旅游的标志性成果。

与旅行游记的寄怀山水不同，郁达夫作为"战士的自觉"，更可以从他大量的南洋政论中显示出来。来自中国香港的李远荣（香港郁达夫研究会会长）和新加坡的骆明（新加坡文艺协会会长）都在会上介绍了遥赴南洋以后的郁达夫怎样作为一名"外来者"，利用《星洲日报》这个阵地，参与南洋抗日救亡、扶携提拔新马文学青年的工作。其这个阶段所撰政论，张均（福建闽江学院）的研究表明，它们既具饱满的爱国热情、坚定的必胜信念，又有鲜明的艺术特色。在非常的战争环境中显示了一名现代知识分子高尚的民族情操和爱国情怀。

郁达夫一生"风流儒雅"，交友广泛。陈福康（上海外国语大学）的"郁达夫与郑振铎"、邓牛顿（上海大学文学院）的"郁达夫与茅盾"都带给我们这位现代文人人生轨迹中许多真实的印痕，而王锡荣（上海鲁迅纪念馆）从"郁达夫的鲁迅观"中看到了"鲁迅直接辐射的历史环境和郁达夫直接感受的真实语境"，它"可以为我们今人理解鲁迅理解 20 世纪中华民族团结抗争求解放、不懈探索图振兴的历史脚步，来给今人的民族社会进步发展开示无数法门"。

（三）“郁达夫是有争议的第一”

富阳籍的作家麦家（四川省作协）对自己的文学前辈是这样定位的：“在现代文学史上，郁达夫唯一一个不能比、也比不下的大山就是鲁迅。除鲁迅之外，郁达夫是有争议的第一。”这样的说法不免让大会为之一振。虽然从整个文学批评史来看，这并不能算是首创。早在20世纪30年代的文坛就有压鲁迅、抬郁达夫的声音，比如麦家提到，邵洵美当年有过“鲁迅有天才，但无审美情趣；叶圣陶有审美情趣但无天才”，唯有郁达夫“既有天才，亦有审美情趣”的判断；而在称郁达夫为“中华文坛之雄”的日本，对郁达夫的关注和评价并不下于鲁迅；20世纪70年代中期，香港新文学史家司马长风更是直接在总评两大家时，明确表示“在文学的浓度和纯度上，鲁迅不及郁达夫”。

对郁达夫的宏观评价，本次“郁会”上，在陈建功（中国作协）、王锡荣、王嘉良（浙江师范大学）和吴福辉（中国现代文学馆教授）的纪念发言和主题发言中也都有相关的呼应。陈建功将郁达夫视为“中国新文学运动的先驱之一”。王嘉良在肯定了郁达夫在中国新文学史尤其浙江新文学史上的崇高地位之后，明确指出“评价还不够高”。而郑波光（集美大学中文系）在其《郁达夫的文学与生活》中讲道：“郁达夫的文学见识，可以说达到了后人难以企及的高度”，但以我们今人的修养、知识蕴蓄、学力以及识力，认识那一代人的深厚与博大、明彻与通脱，自非一件轻易之事。故此，他一言以蔽之，认为“郁达夫是一位难以把握的作家。”

类似的宏观考察来自一篇题为《海外郁达夫研究漫评》的大会发言。李杭春（浙江大学中文系）将海外近80年的郁达夫研究作了整体性的考察。指出海外郁达夫研究的三个区域：日本学界的实证批评、欧美学界的文本批评、南洋学界的主情批评，从一个侧面显示了郁达夫研究在海外学界较高的学术关注度和丰硕的成果。

面对这样一位既秉承了传统，又开启了现代的20世纪文学巨人，我们今人究竟评价如何？究竟如何评价？吴秀明（浙江大学中文系教授）为我们提供了这方面的思考。他将20世纪中国现代文学史这一宏观视域作为考察郁达夫研究的一个平台，从纵向的发轫期、形成期、停滞期、转折期及沉稳期五个阶段出发，扫描郁达夫所处的那样一种复杂的不断被解构和建构的生存状态，以此勾勒郁达夫在文学史上地位的变更，从侧面梳理中国现代文学史的跌宕起伏及与郁达夫研究之间的互动关系。从郁达夫研究与文学史异质同构的动态关系这个层面来看，新的研究成果、评价话语渗透进文学史书写应该是值得期待的。

整体来观，本次“郁会”当然完成了检阅新成果、开启新局面的初衷，能在相当范围内推进郁达夫和现代文学研究的深入。当然也有一些遗憾和不足，比如有关郁达夫死因的学术之争没有达成较一致的共识，不少选题较为陈旧，在学理性上缺乏根本的突破。但是我们更愿意相信，或许明天就会出现新的进展。

（原刊《中国现代文学研究丛刊》2007 年第 3 期）

第三章

"艺文私见"：郁达夫"自叙传"写作管窥

一 郁达夫：私小说和"他—叙事"

私小说是日本现代小说史上一支不容忽视的小说力量，甚至在那个东夷小岛始终被尊为"纯文学"的正宗，田山花袋、葛西善藏、佐藤春夫……这些为郁达夫所熟知和崇拜的名家都是私小说作家。所谓私小说，即汉译的"自我小说"，一般情况下可以理解为第一人称自传体小说，其基本精神是生活与作品的一致性，标榜艺术即是生活，生活也是艺术，因而从作品看，私小说特别强调作家的生活体验和情感体验，作品往往直接以作家个人的自我生活为素材，直接书写作家一己的生命体验；而在作家本人，也有相当充分的献身艺术的准备和自我暴露、自我解剖的勇气，在必要的时候，他们往往能够脱除一切包装和伪饰把自己的人性之弱暴露在文学作品中，从而也暴露在大众面前。

郁达夫无疑是赞同并且履行私小说的这些文艺论点的。他称自己的创作为"自叙传"小说。在《五六年来创作生活的回顾》一文中，郁达夫写道：“我觉得‘文艺作品，都是作家的自叙传’这一句话，是千真万确的”，作家不仅要“尊重自己一己的体验”“作家的生活，应该和作者的艺术紧抱在一块”，而且，“作品里的 Individuality（个性——引者注）是决不能丧失的”“作家的个性，是无论如何，总须在他的作品里保留着的”，郁达夫这样几次三番地重申着自己的创作主张，重申着艺术真实与生活经验、作家个性的紧密联系，确定无疑地表明了他与日本私小说的精神联系。

可以设想，在私小说中，选择第一人称“我”展开叙述应该是顺理成章的，并且会令创作者得心应手。而事实上，私小说（即“我”小说）这一称谓本身就已经直观地表明了叙述人“我”的必然在场，它应该符合的是“我—叙事”模式而不是其他。日本作家创作的私小说基本上也遵循这一模式。但是在郁达夫的自叙传小说中，这样的叙事方式却并不是全部。或者说，自叙传小说而以“我—叙事”的，仅仅只是郁达夫小说中的一小部分。我们甚至可以大致地对郁达夫小说作这样一种划分：凡主人公的性格较为激进、情感较为升华的作品，如《血泪》《春风沉醉的晚上》《薄奠》《茑萝行》等，往往直接以第一人称“我”的叙事方式出现；而但凡有性情感伤、忧郁、苦闷、颓废，甚至较多病态的主人公的文本，却总是以“他—叙事”的方式进行叙述，虽然这些主人公也一样带有许多郁达夫个人生活的烙印，却不容置疑地被称作“文朴”“于质夫”“伊人”，或者干脆以“他”命之，而很少以“我”的身份和形象出场。这样的划分自然很不科学，但似乎极少有例外的，除了《迷羊》。乍一看，《迷羊》中的“我”似乎是一个例外，但小说的“后叙”却告诉我们这是某位病人的一篇忏悔录，这个“我”当然只是这位病人，而与真正的“我”——在 A 地的一个专门学校里教书的先生——无关。写作私小说而竭力回避“我”的出现，这在郁达夫小说中是一个值得重视的现象。

事实上，“我”也好，“他”也好，他们都是带有鲜明郁达夫个人色彩的人物。从体貌特征看，我们看到《银灰色的死》中的“他”：“从他面上左右高出的颧骨，同眼下的深深陷入的眼窝看来，他定是一个清瘦的人”；《茫茫夜》于质夫：“一副平正的面上，加上一双比较细小的眼睛，和一个粗大的鼻子，就是他的肖像了”；《南迁》伊人：“清瘦的面貌，和纤长的身体”，几乎都是郁达夫形象的翻版；而性情的忧郁、孤独、卑怯、多情、近乎病态的敏感更是“他”们与作者一致的共性，甚至连精通英语、德语这些细节都反映在“他”们身上，以致我们可以毫不费力地证实这些人物、这些故事大多是私小说所推崇的艺术与生活高度一致的结果，或者说，就是作者的生活和他的艺术紧抱在一块的结果。

而郁达夫在小说中之所以以“他”取代“我”，尤其在那些大胆直率表白“性的苦闷、生的苦闷”的小说中更是如此，恐怕更多的原因在于当时的社会环境。虽然郁达夫一直抱着“我只求世人不说我对自家的思想取虚伪的态度就对了，我只求世人能够了解我内凡的苦闷就对了”（《写完了〈茑萝集〉的最后一篇》）的信念写作，但事实上，心思格外敏锐的郁达夫何尝没有意识到“故国的许多奇波骇浪”“社会的许多暗箭明创”（《〈鸡肋集〉题辞》），和在“人少畜生多”的坏境下饱尝的“碰壁、碰壁、再碰壁”的滋味，这一切便成了“现在的噤若寒蝉的畏缩的由来”（《忏余独白》）。因而，由“他”取代“我”，未尝不是这种“噤若寒蝉”的“幽闭状态”下的一种突围方式，未尝不是对“那些维持风化的批评家”发放的“半脸微笑的嘲叽”（《〈鸡肋集〉题辞》）：看哪，这些苦闷、颓唐都是“他”们的，与我无关；或者说，都是人物的，与作者无关……就像《迷羊》的“后叙”告诉大家的——那个“我”是“他”，不是我。

但从叙事学意义上，我们却不得不肯定“他—叙事”方式的运用对于自叙传小说所产生的独特的叙事效果。

我们以《沉沦》为例。虽然《沉沦》不能代表郁达夫全部的创作思想和整个的精神气质，但这个文本无疑是可以体现郁氏小说浪漫主义的某些叙事特征的：比如重抒情而不重叙事，重对人物行为动机的揣摩描述而不重人物行为本身，以人物的情感心态为结构线索而不是时间线索和情节结构等。另外，《沉沦》也是一个以“他—叙事”方式完成的典型的自叙传小说（私小说）。我们看到，那个出身于富春江边一个小市镇、随其兄长来到岛国日本的“他”很大程度上演示着作者本人的生活阅历和生活情趣。“他”就像作者对面的一个镜中人，逼真地折射着作者的形象，当然并不就是作者本人——毫无疑问，“他”是《沉沦》中的主人公。

接下来我们看到整个故事都是通过“他”的眼睛观察的，并且通过“他”的叙述传达出来，我们一刻也没有能够离开“他”的视线和“他”的流动的感觉。

> 他看看四边，觉得周围的草木，都在那里对他微笑。看看苍空，觉得悠久无穷的大自然，微微的在那里点头。一动也不动的向天看了一会，他觉得天空中，有一群小天神……在那里跳舞。他觉得乐极了。便不知不觉开了口，自言自语的说……

我们就这样通过“他”的眼睛、“他”的感觉和“他”的讲述获知了文本中的这一切：他怎样在稻田的中间缓缓地独步；他怎样碰到了三个穿红裙的日本女学生而不知所措；他的家世；他的邪念；他的“偷看”和“偷听”；他的狎妓与自杀……我们也通过“他”的眼睛认识了他周围的一些人：被他暗恋的旅店老板的女儿；山上守梅林的农夫；酒店的侍女……对于文本的叙事来说，“他”是一位聚焦者，是文本所发生的故事的核心的观察者和反映者。《沉沦》整个叙事都是通过“他”的观看和叙述完成的，离开了“他”，我们无法确知人物的言谈举止，不论是他的自言自语，还是他“被窝里犯的罪恶”，或者最后在无人的海边的自杀，没有任何人能对这些细节提供证明，除了可能全知的上帝；而事实上，“上帝”知道的并不比“他”多一分，或者说，在《沉沦》中如果有上帝的话，上帝也已经把自己的眼睛移到了“他”的身上——你看，当他“在席上醉倒了”以后，“上帝”也同时闭上了自己的眼睛，直到他“一醉醒来”，看见自家睡在一条红绸的被子里，叙事才又接着展开，而中间发生的一切则因为聚焦者的不能观看而成为永远的一个谜（谁替他盖的红绸被及其他）；另外，像楼下父女俩讲的话、农夫为什么突然跟他打招呼等，也因为“他”听不到、看不到而只能靠他自己瞎猜：“她告诉了他了，她告诉了他了！”或者“难道这农夫也知道了么？”——在这些时候，“上帝”既不曾为我们填补“他”留下的种种叙事空白，也没有帮助“他”进入他人的思想和意念，因而我们只能认定《沉沦》是一个典型的限制视角的人物叙事情境的叙事文本。而在这样的文本中，“他”不仅是故事的主人公，而且还是一个观看者。

人物和观看者（聚焦者）的合二为一制造的是典型的人物叙事情境。它以能够客观、自然地呈现（Showing）故事和场景，并且有限地传达聚焦者的真实思想和真实见闻而受到现代小说叙事的广泛青睐。因为这样的叙事情境摒弃了全知讲述（Telling）的自以为是和面面俱到，而能使事件和人物的性格在一个无须掩饰和毫不虚伪的情境下自然展开，从而更合乎它们的本真状态。这在郁达夫《沉沦》这样以率真和直陈为美学追求的叙事文本中显得尤其重要。从这个意义上说，郁达夫为自己的小说叙事找到了恰切的表述方式，进而形成了自己独特的创作风格和创作主题——以主人公现身说法和直抒胸臆的方式大胆直率地表现自我张扬人性；而从另一层意义上讲，郁达夫也为整个中国现代小说开辟了新的叙事空间，即内聚焦的小说叙事方式，并且那不仅是我们在传统的中国古典小说中难以寻觅的，同时也是此前的现代小说先驱者们（包括鲁迅）的创作中很少被启用的。

但是，这个话题并没有结束。在《沉沦》中，作为人物和观看者的“他”，所观看或所反映的大多是“他”自己的心情和生活：在那“荒淫残酷，军阀专权的岛国”，他的不被同情、无处发放的孤独，他的自责心和恐惧心，他的对于遥远的故乡的伤悼……不消说，“他”观看的、反映的正是他自己，“他”的目光几乎一刻也没有离开过他自己，“他”一直是以自己为暴露和解剖对象的。我们看到小说主人公总是在理智和欲望之间作着艰难的选择：面对沐浴的少女，是看还是不看？对于身边的野合，是听还是不听？而在“总有妓女在那里的”酒店门口，是进还是不进？理智告诉他：不；但最后总是欲望占了上风：“他想跑开去，但是他的两只脚，总不听他的话”——脆弱的理智在可怕的欲望面前是这样的不堪一击。而我们也几乎是在他不断的自嘲自骂自责自怜当中与他一起体味着“性的苦闷和生的苦闷”。从这个意义上说，主人公“他”就不仅仅是个观看者，同时也是自我观看者；或者说，“他”不仅仅是叙事的聚焦者，同时也是叙事的聚焦对象。这样，“他”就不仅是主人公和观看者的合二为一，同时也是观看者和自我观看者的合二为一。如果前一个

“二合一”实现的是文本的内聚焦方式的人物叙事情境，那么这后一个“二合一”体现的则是现代人“反视自身”的努力。

把自己放在一个被审视、被评判的位置，就好像一个自己对面的镜中人，毫无保留地呈现自己的全部姿态和性情，以供自我评判和自我完善之用，这是现代人现代生活中一种经常的需要。而“反视自身”，尤其是反视自身的人性之弱，则是现代人一种更高层次的自我发现。

郁达夫在他的自叙传小说，尤其是那些以苦闷感伤的“零余者”为主人公的叙事作品中，以第三人称“他”替代第一人称“我”，通过第三人称相对于第一人称所具有的那种间离效应，把那些畸形的、病态的人性之弱从“我”身上分离出来，好像那是“别一个自己”，一个可供自己观察、分析、品评和批判的“别一个自己”，他把这个“他我”命名为质夫、文朴，命名为“他”，把“他”放在自己和世人的对面，毫不留情地暴露“他”，批判“他”，从而达到大胆直率暴露自我、批判自我的目的，而这样“异样的声音”在当时实在也可谓是振聋发聩、掷地有声。

我们如果把郁达夫的这些私小说文本放在“五四”大环境下，那么我们更可以看到，同为创造社“自我”“个性”大旗之下的两员大将，郭沫若以他的自由浪漫诗歌抒发的是“大我”之情，赞美的是“五四”时代的人性之强、人性之大；而郁达夫则通过“他—叙事”模式的私小说热衷于书写“小我”的人性之弱、人性之“小”，暴露“五四”边缘人的无奈和颓唐。在那个特定的历史场合，我们无法简单地推断人性之强和人性之弱、人性之大和人性之小究竟哪个更能深刻和有力地揭示人本身，剖析人本身，但我们确乎可以肯定，郁达夫对人性之弱的反视和反思至少从一个特定的角度实现了浪漫派小说所追求的表现自我、张扬个性的文学理想，并且其程度是我们通过其他的叙事途径难以比肩的。

（原刊《理论与创作》1997 年第 5 期）

二　郁达夫：相对于“自传”的“自叙传”

提到郁达夫小说的形式特征，“自叙传”是公认的一个说法。不仅郁达夫本人对此有明确主张，认为“文学作品，都是作家的自叙传”（《五六年来创作生活的回顾》），几乎任何一部文学史教材或郁达夫研究著述都心照不宣地将这一术语当作一个不证自明的公理。

那么究竟什么是郁达夫笔下的“自叙传”？它与“自传”有着怎样的关系？是否如一些研究中宣称“自叙传”就是“第一人称自传体小说”或“表现为非常鲜明的自传体倾向”？如何通过厘清二者的界线更透彻地理解郁达夫的这一创作基质？或许，从创作主体、文本本体、接受主体三个层面，我们可以对此作一个初步的考察。

（一）就创作主体而言

首先，“自传”传的是创作主体（传主）真实而富有戏剧色彩的个人经历，而“自叙传”则主要传达创作主体不无夸张和虚饰的个人体验。

自传是传记的一种。传记以记述人物生平事迹为主，从而，自传自是以记述自己的生平事迹为主，字典上的说法是“以第一人称记叙生平事迹的传记文或著作”。所以，从创作主体来讲，“自传”文学的作者往往就是自传文本中的第一人称主人公，他们特别重视将自己亲身经历的一生（准确地说是半生、大半生）的曲折和坎坷——生平事迹——通过“自传”真实完整地再现出来。或者说，自传是对已有经历、已有情感的整合和回顾，它需要的是实实在在的思想、感情和五光十色的经历、命运，自传传主的自我形象正是通过真实丰富的个人经历、思想情感累积而成的。所以，真实性、戏剧性和人生经历的相对完整性构成了自传文学最基本的一些特性，并成为检验一部自传是否成功的重要标志。

理论上来讲，或许确如法国作家卢梭所言：除了本人，没有人能写出他自己的一生。自传这一文体，应该就是为昭示这样的真实而存在的。为显示和保证自传内容的真实性，美国作家马克·吐温明确宣布其写作的《自传》不在生前发表，而只于死后面世；卢梭更是把《忏悔录》当作遗嘱来写，这部“遗嘱”在卢梭去世四年后出版，但与作者本人的意愿还是有所不合——他希望更晚一些时候问世，以保证当事人不直面真实的尴尬。

而人生履历的繁复坎坷，是每一个个体终将体会到的人生感悟。法国作家夏多布里昂耗时25年完成的六卷本自传体巨著取名为《墓中回忆录》，这部试图从人生的终点回顾自己一生的自传不但真实，而且尽力完全。现代舞创始人、美国著名舞蹈家伊莎多拉·邓肯的自传则在真实和完整之外，更具有典型的戏剧性。作为一位富有浪漫传奇色彩的新女性，在舞蹈之外，邓肯对爱情的追索、对自由的诉求恐怕更能真实建构一个出身寒门而成就非凡的现代女性形象，于是，我们看到的《邓肯自传》更坦率真诚地记录的，是这位现代女子充满迷幻色彩、充满戏剧色彩的私生活，以及她对爱情、对自由的大胆热烈的追求。

反观“自叙传”作者在文本中经营的“自我”经历，则多少存在一定程度的夸张和虚饰，并不完全写实，也不以追求情节的戏剧性和故事的完整性为意。郁达夫小说的“自叙传”，的确大多取材于自己的个人生活经历——在歧视中度过的留学生涯，不幸的家庭生活，处处碰壁的谋职与求生经历，等等，以致我们完全可以透过《沉沦》《茫茫夜》《茑萝行》《春风沉醉的晚上》，感知郁达夫某个阶段的生活经历、思想情感，这让我们无法回避缘自日本私小说“生活和艺术高度一致”叙事模式的“自叙传”的拟真性。然而它与“自传”还是有大的不同。首先，在郁达夫笔下，作家选择的人生经历大多是片断的，是某一时、某一地的人生镜头，比如《沉沦》的日本留学经历、《茫茫夜》的安庆教书经历、《胃病》的创造社创建经历、《迟桂花》的杭州隐居经历等，或许，将它们组织在一起，可能是创作主体一生遭遇命运的一个缩影，但作为自成一体的独立文本，郁达夫无意让它们具备自传体文本的“完整性”要素；其次，郁达夫对个人经历的记录，既有真实可考的事件，有真真切切的“伤口”，也有许多的虚饰和夸张，有在“伤口上撒盐”的煽情，它更多具备“自叙”——自我叙说——的主观随意性而不拘泥于“自传”所要求的客观真实性；最后，也是更重要的，郁达夫记录这些个人经历，并不以事件本身的戏剧性吸引读者，而更多的是探讨事件背后的行为动机和它能导致的心理影响，或者说，更多的是借个人经历之酒，浇创作主体情绪、体验、心理、感受之块垒——与其说是“叙事”，不如讲是“抒情”。所以，它几乎是对自传文本真实性、戏剧性、完整性原则的背叛。

其次，在行文过程中，“自传”的创作主体习惯于自我掩饰，而“自叙传”的作者却不惧于自我暴露。

我华夏民族乃是最富有历史感的民族，于国、家、地方之史传，自是浩如烟海；于个人之传亦是体式纷繁，然出于为尊者或自身之讳，率多掩饰之词，即便是那些贤者，也难免避重就轻之嫌。

屈原的长诗《离骚》，用浪漫瑰丽之笔，从自己的身世、品德、理想写起，斥责了楚王的昏庸与群小的猖獗自私，抒发了内心的苦闷与矛盾，表现了不与黑暗邪恶势力同流合污的抗争精神和至死不渝的爱国热情，颇有自传色彩；司马迁既是纪传体的开创者，也写作了中国最早的真正意义上的自传——《太史公自序》[①]。《太史公自序》是《史记》的自序，也是司马迁的自传，从中可见其矢志不渝、发愤著述以成一家之言的过程；更有一些自传亦庄亦谐，甚或出以第三人称，如陶渊明《五柳先生传》、袁粲《妙德先生传》、王绩《五斗先生传》、白居易《醉吟先生传》、陆龟蒙《甫里先生传》、欧阳修《六一居士传》等，但如果加以知人论世，则又句句实录也。如“五柳先生”，“好读书，不求甚解”“性嗜酒”“期在必醉”“环堵萧然”“著文自娱”，与陶渊明其他诗文中呈示的自我形象如出一辙。而诗人淡泊名利、安贫乐道、率真放达的隐士人格，也在五柳先生身上得以体现，“时人谓之实录”[②]。同时，亦可见作者更多的是通过自我人格与世俗富贵荣华的格格不入，完成一种自我肯定和自我揄扬：扬其狷傲人格和生活态度，并以这种人格和态度睥睨俗世。

然而，人孰能无过，既是自传，对于一己之过之反省自应是题中之义，然而，我们于以上贤者笔下，绝少见到什么自贬自抑。外国的自传

① （汉）司马迁：《史记·太史公自序》，中华书局1982年版，第3285页。

② （梁）萧统：《陶渊明传》，（清）严可均辑《全上古三代秦汉三国六朝文》之《全梁文》卷二十，中华书局1958年版。

也多是如此，作者大多会选择一些自鸣得意的经历、事件或堪称楷模的精神、人格，主动掩饰或遮蔽那些于己、于众都无裨益或无兴味的内容，或直接或隐曲地通过自我叙述进行自我肯定和赞赏。即使是暴露缺点，也往往是一些可爱的缺点，“没什么大不了”的缺点。卢梭曾在其《忏悔录》中大声宣告：“我要把一个人的真实面目赤裸裸地揭露在世人面前。这个人就是我。……不管末日审判的号角什么时候吹响，我都敢拿着这本书走到至高无上的审判者面前，果敢地大声说：请看！这就是我所做过的，这就是我所想过的，我当时就是那样的人”[①]，但即便如此，他的写作回忆录，宗旨仍十分明确：通过主动暴露自己的缺点，争取后人理解和评判，不让敌人往他的生平上抹黑。正如周国平所谓：“任何一部自传都是作者对自我形象的描绘，要这种描绘完全排除自我美化的成分，几乎是不可能的……即使坦率如卢梭，当他在《忏悔录》中自陈其劣迹时，不也是一边自陈一边为此自豪，因而实际上是在用另一种方式显示其人性的丰富和优秀吗?”[②]就是褒贬不一、全无一般传记的粉饰和矫揉造作的《邓肯自传》，作者本人不也以传奇般的性经历为意，字里行间充满的是自豪和骄傲，尽管这样的人生经历对许多读者来说，已经“坦率得令人发窘”（林语堂语）。所以，自传文字大多有为自己青史留名的宗旨，从而“歌德”成了自传文学挥之不去的一大价值终端。

郁达夫自叙传的惊世骇俗，就在于对“歌德”式自传的全面颠覆。他在全面反思了二千余年中国传记文学从未有过“一篇活生生地能把人的弱点短处都刻画出来的传神文字”[③] 后说：“中国的传记，非但没有新样的出现，并且还范围日狭，终于变成了千篇一律，歌功颂德，死气沉沉的照例文字；所以我们现在要求有一种新的解放的传记文学出现，来代替这刻板的旧式的行传之类。”[④] ——郁达夫的写作自叙传就成了一种

---

① ［法］卢梭：《忏悔录》，黎星译，商务印书馆1986年版，第1页。

② 周国平：《岁月与激情：我的心灵自传·序：我判决自己诚实》，长江文艺出版社2004年版。

③ 郁达夫：《传记文学》，《郁达夫全集》第11卷，浙江大学出版社2007年版，第112页。

④ 郁达夫：《什么是传记文学》，《郁达夫全集》第11卷，浙江大学出版社2007年版，第205页。

身体力行的姿态。

作为一种自我叙说，自我倾诉，一种敞开自我性灵的精神宣泄，郁达夫不惧于在文本中揭小我之短，甚至将自己作为批判审视的对象，把自己生不逢时的知识分子式的一点忧郁、一点感伤、一点好色、一点自卑、一点灵魂的不“纯洁”和行为的不“正常”，都毫不掩饰地暴露出来，等待读者的评判。诸如走投无路的失败，报国无门的悲哀；诸如偷窥少女洗澡，偷听男女野合；诸如“被窝里犯的罪恶”，恋物癖，甚至同性恋，等等，不一而足。作者如此无所顾忌于社会的伦理道德，不惧于暴露私人生活的五光十色，不惧于让自己成为批判、否定的对象，甚至不惧于严厉苛刻的自我批判，这在当时那样一个颇不开化的社会里需要多么强大的勇气！就是在今天，或许也少有望其项背者——尽管 20 世纪 90 年代以后也有许多“美女”“美男”将“身体”和“欲望”无限放大，让有违道德的丑恶肆意泛滥，但在一个物欲横流、人欲横流的时代语境里，这样的“暴露”似乎并不具备自我批判的能量，相反，只是一种自我炫耀，或者自娱娱人；而半个多世纪前的郁达夫却以其“自叙传”完成了现代人深切痛彻的自我反思和自我忏悔，同时，这样的“自我暴露”也是对素来不擅长自我倾诉、不擅长自我宣泄、更不擅长自我忏悔的民族文化心理的一种矫正和颠覆。

（二）就文本本体而言

如果进入自叙传和自传文本内部，我们也能发现自叙传和自传的区别。首先，从叙事方式看，虽然自传和自叙传都与传主本人生活经历有关，文本作者都以自己为原型展开文本叙事，因此显然，它们都宜以“我”讲述“我”自己的故事——即第一人称叙事——的方式完成叙事。当然，与我们这个民族向来重群体、轻个体的文化传统导致自我的阙如相关，传统的自传文本中也多有《五柳先生传》《六一居士传》这样回避“我”的出场的例外，但如今，我们看到的“自传文本大多采取第一人称叙事方式”这一判断并非武断；而自叙传就不这么单纯了。在我看来，自叙传是自我叙事，但不是唯“我”叙事。

“自叙传”得自日本私小说是一个众所周知的事实。所谓私小说，即汉译“自我小说”，按久米正雄的说法，就是作者把自己直截了当地、“原原本本”地暴露出来的小说。这一名谓本身就已经直观地表明了叙述者“我”的必然在场，选择第一人称叙述者“我”展开叙述应该是顺理成章的事，并且会令创作者得心应手；但事实上，郁达夫的自叙传而以“我—叙事”的，仅仅只是其中的一小部分：仅仅是那些主人公形象较为正派、性格较为激进、情感较为升华的作品，如《血泪》《春风沉醉的晚上》《薄奠》《茑萝行》等；而为数更多的有着感伤、忧郁、苦闷、颓废甚至较多病态性情的主人公的文本，却总是以“他—叙事”的方式展开叙述，虽然这些主人公也一样带有许多郁达夫个人生活的烙印，却不容置疑地被称作“文朴”“于质夫”“伊人”，或者干脆以“他”命之，而很少以“我”的身份和形象出场。这在郁达夫不能不是一个值得玩味的现象[①]。这一现象表明，郁达夫自叙传以自我为原型，却大多不以第一人称展开叙事，或者说不唯“我”叙事，而采用限制视角的、更加游离的第三人称叙事方式，即“他讲述他自己的故事”的方式，客观、自然地呈现（Showing）故事和场景，使事件和人物性格的展开更合乎它们的本真状态。这一内聚焦的第三人称叙事方式既像“我讲述我自己的故事”的第一人称叙事方式一样便于自我倾诉，同时也拥有第三人称相对于第一人称所特有的那种间离效应，便于把那些畸形的、病态的人性之弱从“我”身上分离出来，通过毫不留情地暴露“他”，批判“他”，达到大胆直率暴露自我、批判自我的目的。可以想见，自我叙事而不唯“我”叙事，是郁达夫自叙传的本质特征，也是获取其自我批判功能的有效方式。

其次，自叙传多以抒情见长而不似自传以叙事为主。一般来讲，自传着重于记录个人经历，故讲述完整的事件和经过是自传文本的基本要求，而自叙传则多传达个人情绪体验，所以，抒情是自叙传文本特有的叙述手段。

我们以《沉沦》为例。《沉沦》全文二万多字，篇幅不短，但情节却相当简约、散漫，充斥其间的多是铺张的情感：“他近来觉得孤冷得可怜”“他的忧郁症愈闹愈甚了”，小说前四章基本上就处在这样一种时间

① 参见拙作《郁达夫：自叙传和“他—叙事”》，《理论与创作》1997年第5期。

停顿的抒情状态下，一种没有时间发展、从而也没有情节发展的抒情状态下，叙述者不厌其详地向读者交代“他”忧郁的心情和孤冷的心态，“他”颠簸坎坷的过去和苦不堪言的现在……而这些远没有构成《沉沦》的故事，它们只是故事的前提，真正的“沉沦”故事——一个中国留学生在日本的自杀——却是在第五章以后才开始的。

以《沉沦》为代表的郁达夫自叙传文本，情感的铺张几乎都与情节的简约构成鲜明的对比。在有限的情节之外，或者说在有限的人物行为之外，我们看到的更多的是叙述者对人物行为动机的那种深刻的披露和反思：《沉沦》中那个可怜的年轻人无时无刻不在逃避欲望的烦扰，而命运似乎总在跟他的理智捉迷藏，他一次比一次更深地承受灵魂的拷问：你这卑怯者！你既然怕羞，何以又要后悔？既要后悔，何以当时你又没有那样的胆量？甚至不止一次地责难自己：你去死吧，你去死吧，你怎么会下流到这样的地步！但最终又异常地怜惜自己的不幸，连影子都不例外：

> 可怜你这清影，跟了我二十一年，如今这大海就是你的葬身地了。我的身子，虽然被人家欺辱，我可不该累你也瘦弱到这步田地的。影子呀影子，你饶了我吧！

这种令人感伤的自暴自弃、自怜自爱具有如此强烈的煽情意味，以致人们不能不为之黯然神伤；同时，人物行为前痛苦的矛盾与挣扎，行为中短暂的快慰和迷乱，行为后长时间的苦闷和不得安宁，亦都得到了细致入微的揭示和暴露；而人物行为、经历本身——那些在传统自传文本中被视为理所当然的叙述主体的人物行为和经历——反倒只成了人物心态的一种见证和诠释而已。

可以肯定，郁达夫的自叙传更重抒情而不是叙事、重人物行为动机而不是人物行为本身，它与自传文本构成了鲜明的差异。

最后，郁达夫自叙传文本中的人物形象，多边缘子民而非英雄俊杰。与自传作者意识或潜意识里为自己“树碑立传”的写作心态根本不同，自叙传作家大多钟情于自我暴露。从而自传作者笔下的人物多数是积极的、正面的，至少在某个方面堪称楷模，而郁达夫自叙传文本中的主人公却远非如此。他们有一个被作者和读者公认的命名——“零余者”：“生则于世无补，死亦于人无损”的零余者，“毫无气力，毫无勇毅，哀哀切切”的零余者。作为知识分子或“社会精英”，他们才华出众，思想敏锐，却意志薄弱，饱受帝国主义和封建势力的双重压迫而无力反抗；他们热爱生活，富于理想，却始终找不到自己的人生出路和社会位置，处处碰壁，报国无门；他们清高自持，却不为人理解，或孤芳自赏，或自卑自贱，或消极遁世，或纵欲酗酒，甚至自暴自弃、自虐自残。这样伤痕累累、生不逢时的零余者形象在郁达夫的小说中俯拾即是。他们非但不英雄、不勇毅，甚至于不入流，不能为主流社会所接受和肯定。而郁氏更其典型者，则在其自叙传小说无一不充斥这样的边缘知识分子，即便是“更多社会主义色彩”、更多关注社会底层劳动者（人力车夫或劳动女工等）的《薄奠》《春风沉醉的晚上》和被认为更清新唯美的《迟桂花》中，都不例外：自责或自卑的小我视角，始终左右着我们对那个郁达夫营造的文学世界的感知。

（三）就接受主体而言

从读者接受的角度，或许我们也能揣测到二者的差异：自传文本本于真实，读者往往通过传记了解作者，而自叙传小说源于虚构，读者首先了解作家继而进一步理解作品；自传文本中的传主大多高大完美，充满理想主义光辉，足以让读者对传主——作者横生敬仰，而自叙传小说中人物则经常渺小无能、处处受伤碰壁，最终或更能唤起读者与人物——作者感同身受的情绪体验。

笼统来讲，读者对文本的接受不外以下三个向度：一认为虚构，二认为真实，三认为真假参半。这些接受向度在读者那里如何具体展开，自会因文而异。若以自传和自叙传观之，则：

自传文本，非常明晰，从文体上看，因为是作者书写自己的生平经历，其通常意义上的真实性和权威性，以及作传者立场动机的明确性，都不容置疑，读者对此类文本先入为主的印象就是真实可靠，并可能始终保持这种认识，从而通过自传文本，认识、接受、了解一个真实完整的传主形象。当然，也可能出现这样的情形：转而认为虚假或者真假参半，并对其真实性产生怀疑——所以，它可以表述为一个以真实为初始的阅读接受模式。

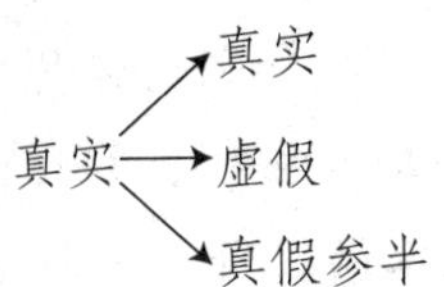

自传传主，尤其是读者感兴趣的自传传主，多被公认为某领域的权威或名流——政界要员、商界精英、学界泰斗、体坛明星、演艺大腕等，而且如今很多此类自传的出版都颇有借力造势、趁热打铁的意味，读者、传主、出版商各取所需。传主通过这种自我专属文体，独家披露各类细节、真相，以唤起人们对其经历、成就的进一步关注和智慧、信念的进一步肯定。所以，通过自传文本阅读认识传主（作者），并对阅读对象呈示出崇敬、仰慕、钦佩、追逐、效仿、窥探……各种阅读心理反应，成为当下自传文本阅读中的一种常态。

当然，自传传主职业五花八门，笔力多有参差，加之作传心态也颇费思量，自我溢美之词在所难免，故“真实”之余，也有掺杂水分、夸大其词之处，甚至不免“诡辩”“作秀”“避实就虚”诸色彩。这对不少清醒理性的读者而言，会让他们对自传文本的真实性、可靠性保留怀疑，并视之为一部“姑妄听之”的读物；而这样，也势必一定程度上影响他们对传主的了解、认同、感知和评价。就像美国前总统克林顿的自传《我的生活》（*My Life*），《纽约时报》批评“这本书不是为读者而写，而是为了他自己留名青史而撰。对于人们最关心的性丑闻事件，虽然克林顿自责‘不道德又愚蠢’，但他更多的篇幅却花在攻击右翼政敌欲利用丑闻打倒他这上面，并未表现出深刻的反思”①。可见，不实之词直接影响到人们对其书其人的判断和评价。

而自叙传小说，因为小说文体意义上的虚构性，读者往往对其真实

① 见田志凌《自传乎？自我美化乎？》，《人民网》（书画·读书·读书新闻）2004年7月5日，网址：http://www.people.com.cn/GB/14738/14754/14765/2617882.html。

性有所免疫，不期待，或者不较真，基本把持一种欣赏品味的阅读心态。但是，也有可能出现这样的情形：因为对作家本人经历、个性的知悉，转而能在文本中发现诸多真切实在的作家生活印痕，甚至发生各种可以对号入座的情况，当然，也会认为真假参半——总之，与自传文本以真实为初始的阅读接受模式不同，它可以表述为一个以虚假为初始的阅读接受模式：

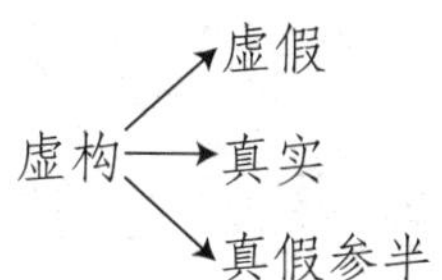

郁达夫小说基本以自叙传定位，在虚构的小说中揉进大量基于真实的生活细节，是郁达夫借鉴日本私小说的结果，也是人们阅读接受郁氏小说时孜于分辨的地方。在虚构的“小说”里，郁达夫为我们带来的主人公，“他”，于质夫，文朴，或者伊人，无不有着一张清秀、平正的脸，一副清瘦、病恹恹的身板，一颗孤苦、无助的心，一个贫穷、无奈的家室，一身无处施展的才学抱负。其样貌品性，其学历专长，其命运遭际，多与作家相仿。所以，虚构的小说，每每予人真实的读感，或许，“自叙传”本来就是这样的：名虚构（fiction），实真切，似假又真，真假参半。

显然，这个判断来自读者对作家本人生活的先验了解。

从而，读自叙传小说，品读故事、接受人物，其接受向度与读自传文本根本不同。读自传，读者多通过传主在文本中的自述认识传主、认识作者，至少，由自传阅读而更深入或全面地了解传主，即“由作品认识作家”，并且每每对功成名就的传主心生敬慕，有时不免是一种“敬而远之”的接受心态；而自叙传则是“由作家解读人物”。因为同情于作家的“零余者”体验，同情于一代文人的苍凉身世和多舛运命，而对文本中的人物抱有感同身受的特殊情怀，是自叙传小说阅读时的经常状态；而且那样一个倒霉的失恋者，可怜的失业者，无能的失败者，在普通读者眼里更像是邻居家人，甚至就是我们自己。作为社会大多数普通人的缩影，自叙传小说主人公们的身世经历直可以让人对镜自怜，直是一种可以“取而代之”而不是“敬而远之”的共同遭遇。

由上可得，郁达夫笔下的自叙传，相对于自传，应该是一种有着更多独立品性的文体，而并非我们一般意义上理解的“自传体”。与自传的基于真实、基于纪传根本不同，它是一种基于虚构、基于自曝的特别的小说文体。

三　郁达夫与20世纪90年代个人化写作

20世纪90年代以来，“个人化写作”以其不可阻挡之势潮水般向我们涌来，这种与“五四”以来一直占据主流地位的社会化写作大相径庭的写作范式，在社会、政治、经济呈现重大转型的时刻一夜之间如节日礼花凌空绽放。我甚至倾向于认为，一个新的文学时代已经以此为起点悄悄来临了——或许，它是属于“21世纪文学”这一断代范畴的。

在已经过去的“20世纪文学”之中，我们不能忘怀的一位极具个人魅力的作家就是郁达夫，其写作的“个人化”特征足以使他成为超越“20世纪文学”整体规范的、与时代落落寡合的先驱者。

当“为人生”的文学话语充溢“五四”文坛的时候，远在东洋的郭沫若、郁达夫等人也扯起了自己“打破社会因袭，主张艺术独立”[①]的文学大旗，企图以“为自我”的个人言说冲破文坛社会话语的“垄断”，从而开辟一块独异的、今天看来意味深长的天地；这之中，郁达夫又是最个性鲜明、如鱼得水的一个。

（一）个人言说与自叙色彩

我们差不多可以从郁氏小说的自叙色彩入手开始今天的这个话题。

① 郁达夫：《纯文学季刊〈创造〉出版预告》，《郁达夫文论集》，浙江文艺出版社1985年版，第19页。

郁达夫小说的“自叙传”特征是毋庸置疑的定论，而我认为这正是“个人化写作”的前提。

20世纪90年代，经历了几番潮起潮落的世人终于发现，最生动的故事、最夸张的戏剧其实就在我们自己身边，甚至就在我们自己身上。“小说”原本就不是什么“虚构”，只是“说”与“不说”的分别。正是在这样的前提下，“讲述老百姓自己的故事”才可能成为今天的时尚，尽管这些故事大多是平凡的、你我可能都曾经过的。对于没有经历过太多血雨腥风的社会动荡，无意接受宏大叙事的题材之便、主题之利的“文革”后出生的这一代作者来说，以个性之笔书写个人经验、宣泄个人情感、传达个人意愿，自主选择个人话语而不为社会价值、公共话语所左右，恐怕是他们共同的心声和方式，以此显示自己与主流话语、大众传媒甚至整个商业大潮的“差异性”。

王干在1995年就把这种从“自历”故事取材的小说现象命名为“纪实与自传的混合”，他在“新状态小说文库”的序言中这样指出：“他们的小说有些篇章可作纪实类的文字看，作家和人物的互文性关系异常突出，作家经历和人物命运的互相指涉成为小说阅读的隐形代码。”[①] 确实，许多读者不仅可以在韩东、朱文、刁斗们的作品里看到跟这些人或读书或写作，或闲逛的经历状态极其相似的知识者，甚至还经常可以发现他们以自己的名字命名笔下的人物，比如写作《上下都很平坦》的作家马原（刁斗《星期六扑克》），比如在中学教书的语文老师张旻（张旻《单红》），等等，丝毫也没有“虚构”起码的回避，相反，还时时处处提示你私人生活的存在。这就像艾丹在其长篇小说《下个世纪见》中所说——谁都“不想再编一些搞得大家都很累的情节”，相反却由衷热爱“那些轻佻的、好玩的、不干什么正事的生活流水账”[②]。对个人“自历性”生活的强调，恐怕是这一代小说作家可以与他们的前辈们标新立异的旗帜。

这种区别是可以被我们认同的。不回避那样一个以写作谋生的、“极

① 王干：《游走的一代——序“新状态小说文库”》，朱文《我爱美元》，作家出版社1995年版，第3页。

② 王朔：《一个才尽的老作家对老腕新秀的殷切期望——〈下个世纪见〉序》，艾丹《下个世纪见》，华艺出版社1999年版。

度妄想”又“自甘堕落”的知识分子自我，的确不是鲁迅以来的新小说作家们所擅长的，或许连20世纪80年代末的新写实作家也自叹弗如。然而细细看来，如此“另类”的文字倒也真不是空穴来风。

据说这些人当中一个走得最极端的，吴晨骏，就写过一篇《郁达夫论》，而且被圈内人抬举为郁达夫研究中“最有趣的文献之一”①。虽然只是基于对郁达夫一篇小说（《沉沦》）的研究，同时我也无缘见到这个“有趣的文献”，但直觉告诉我，这个新新作家中最不畏惧天高地厚的年轻后生，不会感受不到郁达夫的写作远在他们之前的拓荒意义。

如果说个人化写作多从“自历”的故事取材，从自传的角度入手，以自叙的形式展开，在文本中不加掩饰地暴露自我和作呢喃琐碎的个人言说的话，那么，郁达夫就是一个最标准的样板。那种对个人经历的“幽幽的诉说”，差不多构成了郁氏写作的全部内容和风格：谁都可以确认，那个清瘦的、愁苦的、才华横溢却生不逢时的“质夫”“文朴”或者“伊人”，实在是有很多郁达夫本人的影子的，从表征的语言天赋到内心的美人情结，从读书、卖文的个人经历到穷困潦倒的情感体验，他笔下的人物几乎都是在劫难逃。这位多情又率真的江南才子始终相信：“一个人的经验，除了自己的以外，实在另外也并没有比此更真切的事情。”②坚信内在体验和心灵感觉的可靠，成了他义无反顾地坚持“个人经验”，坚持“表现自我”的个人信条，尽管不可能不遇到当时难解其中滋味的作家读者们轮番的误读，甚至攻击。

当然，如果仅仅把个人言说看作自传式写作，或者对个人经历的单纯复制，显然是得不偿失的。我想其中最为根本的，在于写作者的话语方式。即如何选择一种与社会主流话语格格不入的个人话语，使写作成为一种纯粹为个人、为自己的写作。我认为也正是在这个意义上，“不媚俗”“不从众”，恐怕才是个人言说的本质特征。

媚俗者不免夸大为社会代言的功能，从众者也幻想社会大众的普遍

---

① 参见谢鲁渤《“新生代书丛”总序：真实和本质》，朱文《弟弟的演奏》，海天出版社1996年版，第2页。

② 郁达夫：《李桂〈半生杂记〉序》，《郁达夫文论集》，浙江文艺出版社1985年版，第868页。

认同，对于个人化写作来讲，两者都是让人不屑的。虽然，郁达夫也在很多其他场合不止一次地表示过个人言说与社会言说不可分割的关系，也曾企图以“一时一刻的个人感情”来展示“一时代或一阶级的汇聚感情”[①]，甚至很多小说都有一个“沉沦”式的尾巴。但不能忽视的是，从郁达夫写作的初衷来看，郁达夫绝不避讳自己对个人言说的情有独钟。在《五六年来创作生活的回顾》这篇著名的文章中，郁达夫毫无保留地表达了自己对“作家的个性”“一己的体验”的高度重视，甚至天真地表示这样的一种创作态度，“起初是这样，现在还是这样，将来大约也是不会变的”[②]，他以此自勉，希望自己的写作能与社会的、大众的、主流的、“为人生的”创作保持一个必要的距离。这个距离在今天来看，恐怕就是“个人化写作”与“大众化写作”“代言人写作”的相应距离——在郁达夫笔下，虽然能廉价标明“自我言说”的第一人称叙事（事实证明，以第一人称而为社会代言的媚世之作在当时及其后不计其数）出现不多，但即使是汇聚“一时代一阶级的感情”，郁达夫也常常通过一个有点病态的文弱书生的内在视角，以一种受限的第三人称自我注视的方式[③]，喃喃自语地发出分贝有限但弥足真切的呼喊——“他”说的是一种纯粹“个人”的声音，一种始终指向自我（而不是社会、他者）的声音。

与90年代的许多作者相似，郁达夫始终没有把个人写作的社会接受相思成一个特别难解的情结。他曾慷慨表示：“穷极无奈，虽亦学作一二无聊文字，以易柴米。然此等文字，皆系末路者之商品，其目的在求免于冻饿，与任何社团，集会，杂志，个人等，固不发生丝毫关系。”[④] 可以看出在郁达夫眼里，个人写作与社会人等毫不相干，纯粹只是一个谋生的职业。这在当时激进的文学观念中，无疑是相当“另类”、令人咋舌的。而所谓“明枪暗箭”的不断到访，自然也是可想而知的了。

---

① 郁达夫：《关于小说的话》，《郁达夫文论集》，浙江文艺出版社1985年版，第453页。

② 郁达夫：《五六年来创作生活的回顾》，《郁达夫文论集》，浙江文艺出版社1985年版，第336页。

③ 参见拙作《郁达夫：私小说和“他一叙事”》，《理论与创作》1997年第6期。

④ 郁达夫1930年《郁达夫启事》，《郁达夫文集》第12卷，花城出版社、三联书店香港分店1984年版，第238页。

作为一个真正拥有率真个性的艺术家，郁达夫恐怕是极其富有的——因为这样一种艺术信念在郁达夫是不争的事实："艺术家的个性越鲜明，其人类性的涵盖面就越广大"，因为"文艺在本质上是属于全人类的个性主义的精神创造"[①]。

（二）小我体验和自恋情结

除去对自历故事的自我言说，郁达夫写作的另一特征在于对那样一个并不完美的"小我"的自怜和自恋。他往往像纵容和爱恋自己年幼的孩子一样，无条件地呵护着、无比宽厚地承受着他笔下那个忧郁的、软弱的、有点神经质而且还并不十分纯洁的主人公。这情景应该类似于张扬电影《洗澡》中老父亲对弱智儿子的那份舐犊情深。

20 世纪 90 年代的个人化写作，特别重视的也是这种小我体验。与早年"下生活"体验工农大众的伪自叙不同（这个时候，以写作为标志的知识分子的主流意识和话语欲望异常强烈，他们以高高在上的姿态"下"基层，而后企图通过写作拯世济民），与近年进古墓虚构家族历史的伪自传也不一样（我倾向于认为这是顷刻间被放逐到社会边缘的知识分子怀旧伤情的自悼之作），个人化写作既无须虚拟历史而直面现实，又无须体验他者的生活而直面自身。当写作打破了那样一个历史与现实、他者与自身的审美距离以后，这种对私人情感经历和现实人生体验的极度重视和反复书写，产生的恐怕是一种有别于传统审美特质的新型的美、现代的美：现代人对自我价值的充分认定和信仰——毕竟，再渺小的个体，再微不足道的"自我"，也有被重视的欲望，也有被表现的价值。因此，"始终在生活之中"的个人化写作者们始终坚信，对"日常生活的本质发现"，才是他们难以遏止的创作之源，才是自己找寻和制作区别于他者的"真正的灵魂"的圣地和归宿。并且，对滋生在"日常生活"中的那些鸡毛蒜皮的甚至是低级趣味的渺小事件和渺小灵魂，他们总是以不动声色的旁观昭示着自己的关注和抚慰。于是，类似于那些为了五毛钱而大动干戈的故事（朱文《五毛钱的旅程》），

---

① 李劼：《李劼思想文化文集》卷 5 之《论世纪现象》，青海人民出版社 1998 年版，第 249 页。

亲生父亲在三个子女的眼皮底下失踪、过世的故事（东西《我们的父亲》），才会让我们感受到个人化写作对那样一个并不英雄的“小我”的深情注视，才会让我们体会到我们一直生活的平庸、无聊、辛酸和残酷，也才会让我们体验到血肉之躯的“真正的灵魂”。

半个多世纪前，全身心沐浴在“五四”之风中的郁达夫也是这样横空出世的。在弥漫着重重叠叠“人生”“社会”的语词之间，他亮出一颗赤诚坦率的“小我”之心，与众不同地展示着自我灵魂的卑微、渺小、孱弱甚至不纯洁。而更让人感觉与众不同的，是郁达夫对待这样一个“小我”的情感态度：除了“哀其不幸”，我们找不到丝毫“怒其不争”的影子。很多时候，他可以在自卑自虐地撕扯、解剖自己的同时，又自怜自恋地抚慰自己、疼惜自己，切入骨髓之痛历历在目。好比《沉沦》中的主人公在偷窥沐浴、偷听野合之时，竟然可以在一次次“你去死罢，你去死罢，你怎么会下流到这样的地步”的自我谴责之余，又一次次纵容自己继续犯罪。在这里，我们或许可以看到，“弱国子民”的自卑固然使他不敢抬头挺胸地在那个东洋小岛自如地生活，使他不能正大光明地追求性的满足和爱的实现，使他自责，甚至自残；但知识者的清高自恋、文弱胆怯又使他总是善于自我安抚，使他在欲望和理智的交战中屡屡屈膝于自己卑微的欲望，直到自己走投无路地投海自尽。因而，与其说这是自责自残，不如说这是自怜自恋——看他最后投入大海的一刹，还把全部原因推给了他者，推给了社会。

> “祖国呀祖国！我的死是你害我的！
> “你快富起来！强起来吧！
> “你还有许多儿女在那里受苦呢！”
>
> （郁达夫《沉沦》）

跟阿Q一样，其实他到死都没有真正意识到害死他的那个“小我”的怯懦无能、卑微阴暗；相反，这个小小的他却被郁达夫充满爱恋地注视着，无比宽厚地包容着，无论是他“被窝里犯的罪恶”，还是他性的苦闷得不到满足时那些畸形的、变态的发泄。

这样的“自责”我们在20世纪90年代小说中也经常可以读到：

> 我想我至少犯了一个错误，那就是应该先把尿壶拿出来，然后再掀被子，不应该先掀被子，再拿尿壶。就因为这一个无可挽回的小错误，此刻我愿意判自己，去死吧，你。
>
> （朱文《幸亏这些年有了一点钱》）

不会有人相信，就为了这么一个“小错误”，这样自责着的主人公真的会在诅咒了自己“去死吧”之后“想都别想立刻去死”了。这位被莫明其妙地拉来陪护从未谋面的住院老人，并且因为一只尿壶拉锯了一整晚的主人公与其说是在诅咒自己，不如说是在怜惜自己。这种自怜的目光那么清晰地昭示着叙述者个人的姿态——那是一种极端自恋的姿态。

“自恋”一词源出于古希腊神话：美男子那喀索斯在湖边欣赏自己的美貌，竟至于扑入水中拥抱自己，落水而死。这个又被称为“那喀索斯情结”的传说给了我们一幅“自恋者”的标准像：自我欣赏、自我炫耀、自我展示、自我肯定，将全部的“外部事件与自我的需要和欲望联系起来”“追问‘这对我意味着什么？’”（森尼特语），以自我为一切价值的中心，而“对外在世界缺乏真正的兴趣”（弗洛姆语）。比如陈染笔下流淌的文字：

> 我把手指轻轻地在肋骨间滑动，白皙细润的皮肤透发出一种勃勃的生命力。
>
> 在紫罗兰浴液的浸润下，我的身体光滑得像一束阳光。
>
> 热水的蒸气腾满卫生间，雾气蒙蒙，我感到自己的身体被虚化了。
>
> （陈染《与往事干杯》）

那么夸张的自恋自爱，真让人替她担心会否自爱到“跳进河里拥抱你自己”。这样无条件的自恋十分铺张地弥漫在个人化写作者的笔端，可能并不是偶然的。在我看来，这种自怜自恋的姿态和心态，尽管缺乏理性，缺乏对社会的真正关注，但事实上是对媚俗媚世的大众化写作和自作多情的代言人写作的一种反拨，是个人化写作一项特别人情味的标记。它与以泯灭个性、粉饰生活为特质的大众化写作有极大的差异，与以居高临下地干预生活为己任的代言人写作也有明显的不同。个人化写作对“小我”体验的这种自恋情结，至少有如下事实是让人感慨的。

首先，对平凡甚至卑劣的小人物的空前重视和无比宽容，显示了作家（知识分子）对个性生命的由衷关怀和对生命个性的真诚呼唤。众所周知，任何个体都是独一无二的，并且任何个体都不可能是十全十美的，人的种种劣性，诸如自私、狭隘、偏执、狂妄，诸如软弱、懒散、投机、虚伪，诸如庸俗无聊、低级趣味……一方面使得每一个个体的人，每一个血肉的人，离人所共知、人所共赏的高尚和纯洁相去甚远；另一方面，又因为人的惰性、人的“自恋”而使个体无法真正超越自我、脱离“低级趣味”。郁达夫的小说往往通过绝不辉煌的“小我”的言行，通过他醉酒、狎妓、偷情、同性恋这样一些不光彩的情节，既无比真切地展示了卑微与高尚之间触目惊心的距离，也特别无奈地让人在“自我”面前感受灵魂的煎熬，从而引起公众对人性之“小”、人性之“弱”的正视和宽容，使今天的读者可以在一片虚假、造作的媚世氛围中找到一面得以反思自我和反视自身的明镜。

其次，是脱离了“代言人”羁绊的叙述者可以采取正视生活、正视人物的角度和方式，以平等的姿势与人物交流、与读者对话，让人们在感同身受中、在不经意间接受自己的叙述。与鲁迅、茅盾、巴金、郭沫若这些特别重视社会批判和人生启迪的大家不同，郁达夫一开始就没有把自己放在那样一个救世主的位置，从不让他的笔作“如洪钟大吕般的号吹”[①]，相反，许多文字是“同初丧了夫主的少妇一般，毫无气力，毫无勇毅，哀哀切切，悲鸣出来的”[②]，既没有让人敬而远之的人物，也没有高高在上的品头评足。这样，不仅叙述者和作者，叙述者和人物，而且叙述者和读者，其间都有了一种难能可贵的平等的、对话的关系。这

① 郁达夫：《〈鸡肋集〉题辞》，《郁达夫文论集》，浙江文艺出版社1985年版，第326页。

② 郁达夫：《忏余独白》，《郁达夫文论集》，浙江文艺出版社1985年版，第466页。

恐怕也是郁氏小说特别容易让人亲近，特别能够引人共鸣的原因所在——毕竟“自恋”被认为是一种最常见和最大众化的社会心理现象。

郁达夫写作中的小我体验和自恋情结，是个人化写作区别于代言人写作、区别于社会化写作的重要标志，也在90年代个人化写作者，比如朱文，比如陈染们身上得到了滋长和延续。

（三）边缘状态和自我放逐

个人化写作对人物的边缘状态差不多有一种偏执的喜好，甚至还有作者在作品中以人物之口，这样情急地表白自己：

> 多年的郊区生活使我坚定地把我的立场放在不受重视的边缘地带，所有的中心对我来说，就是一个四处嗅嗅看我是否能够捞点什么回去的那么一个地方。
>
> （朱文《尽情狂欢》）

这当然只是一种戏说，却相当有代表性地流露出个人化写作者与主流文化、与中心社会的“差异”和距离。在他们看来，写作只是一种个人行为，一项社会分工，他们不愿意让它再承载沉重的负荷，去歌颂领袖公仆，去赞美英雄模范，去虚构好人好事，去揭示宏大主题，而只是选择一些“被驱赶到或自甘堕落于社会边缘的人”、被常人“看不起”的人，以他们的寻常甚至低于寻常的私人生活，建构文本的故事大厦。

90年代的中国社会形态虽然更显出多元共存的态势，但发展经济、稳定社会的主流还是显而易见的，于是，从商或者从政大约是我们当下这个社会里接近主流的行为模式；于是，国企改革或者反腐倡廉大约也成了积极入世的主流作家们热情关注的对象。他们以他们可贵并且敏锐的艺术触觉，关注着这一场场自上而下的为民造福的运动，以及其间必然可以虚构的一系列可歌可泣的故事和人物。这当中，我们有幸看到了《大厂》《白鹿原》《茶人三部曲》这样一些关系国计民生的历史叙事、宏大叙事。它们应该是90年代写作中最接近荣誉之巅的一些文本。

而这个时候的另类作家则显然不愿在主流话语的康庄大道上亦步亦

趋，他们有着不愿“从一而终”的新型文化理念，不愿成为受人指使、听人摆布从而丧失自我和个性的文化附庸，为此他们不惜自我放逐，潜入社会的边缘寻觅星星点点与众不同的东西，比如摇滚，比如吸毒，比如漫无目的的游荡或者混乱不堪的爱情，以及其他无所事事的生活。当这样的文本出现在改革开放、发展稳定的主流话语之下的时候，其微妙的处境显然让我们回想起身临“五四”热潮而卓然不群的郁达夫们。遥想当年“五四”热潮席卷中国的时候，反帝、爱国、弃旧、创新的时代呼声此起彼伏，启蒙的、呐喊的、歌唱的、呼号的文字进而铺天盖地，体验到了前所未有的激情和理想的作家、知识分子，忍不住用了最夸张最亢奋的笔墨，传达和社会、和主流话语高度一致的自我心声。无论是鲁迅的小说，郭沫若的诗，田汉、洪深的剧，还是那些启迪民众的政论性文字，几乎都传递着一个共同的主题，昭示着一种与时代激情无比认同的姿态。在这里，人和人的个性，被最大限度地膨胀成社会和社会的共性，至少跟这种共性生息与共。于是，个人所传达的，几乎就是社会所要求传达的；个人所关注的，往往就是社会所亟待关注的。从而，真正血肉意义上、灵魂意义上的小我消失了，代之而起的是可以和宇宙、和地球、和国家、和人类相提并论或者交流对话的“大我”，是一个可以在主流社会里任意驰骋的大众代言人。

与这种写作状态不甚契合的，应该是远在东洋小岛的创造社成员。在他们张开“人性”大旗的时候，确乎就已经暗示了一种新的写作即将诞生。

与他们远离喧嚣的本土的写作环境相关联，远在异国他乡的郁达夫们的写作从一开始就带有与中心有所距离的“边缘”意味——就是与“五四”时代呼声最为切近的郭沫若也以“黑马”的姿态冲进小诗泛滥的文坛，其与中心的“延异”或许还仅仅体现在形式上（以天马行空般的浪漫想象取代拘囿苍白的白话小诗）；而郁达夫、张资平的小说则真正确立了创造社作家更加独立不羁的边缘品格：与新文学之初专注于“老中国儿女”的乡土小说不同，张资平纵情于都市男女的声色犬马；而郁达夫最初的得不到编者的赏识，多半也因了其所叙之事的与众不同——在我看来，那是一种特别纯粹的边缘体验，一种忠诚于生命本真体验的自我放逐。

以鲁迅为开山鼻祖的“五四”新文学，其反帝反封建的文学主题大都落实在对偏居“乡土一隅”的，因袭着封闭、落后又愚昧、野蛮的封建文化积习的“老中国儿女”的真实人生的记录和描绘上，从鲁迅笔下的阿Q、闰土、孔乙己，到叶圣陶、王鲁彦们的“伊”（《一生》）、“如史伯伯”（《黄金》），渐聚渐多的人气和文气自然将这个时期的主流叙事托出水面——我将它界定为：对乡土（故事）的写实（叙述）。

于是，非乡土的都市，或者非写实的抒情，恐怕都是“五四”文学主流以外的边缘写作；而郁达夫正是这样一个既不乡土又不写实的另类作家。

郁达夫小说自我感伤和浪漫抒情的叙述方式与“现实主义”自是泾渭分明，故事情节的简约和人物情感的铺张旗帜鲜明地亮出了这一特点——在以现实主义为主流叙事话语的“五四”新文坛，郁达夫自我抒情的“浪漫主义”尽管自成一格，并且也获得了许多的拥戴和追随，但毕竟与写实（主流）相去甚远，从而显示出特立独行的边缘意味；而其对都市，甚至异国都市的“边缘”环境和都市人尤其异域游子的“边缘”状态、“边缘”体验的细腻描摹，更足以佐证郁达夫对非主流话语的偏执和喜爱。

相对于约占总人口八九成以上的社会底层的工人、农民而言，资产阶级知识分子尤其能出洋留学的知识分子，在当时实在凤毛麟角。以这极少数人的生活体验、个人经历为写作对象，而欲从中获得“一般”或者“普遍”的感受，实在是一种冒险。对大多数读者来说，郁达夫们的生活是遥不可及的，从而他们的那种尽管对他们本人来说刻骨铭心的体验——留洋、教书、吟诗、卖文以及诸如此类——在大多数人身上恐怕难以引起共鸣。郁达夫未尝不清楚这一点，但就好比“七十年代作家群”或者“第六代导演”们喜好用摇滚、吸毒这些另类生活来虚构我们的日常世界而不觉得些许不妥一样，郁达夫同样不曾怀疑自己的边缘故事可以带给人们的那种冲击和震撼——一个弱国子民的悲伤和哀怜，他所遭遇的排挤和歧视，无疑都是“人”的共同感受。

更为典型的边缘情结体现在郁达夫对零余者形象的怜爱和塑造上。

这些在现实社会中四处碰壁而始终找不到自己位置的年轻人，在郁达夫笔下挣扎着生存。他们大多善良、诚恳、爱国爱民，幻想着以自己的学识报效国家，但骨子里却驱不开与生俱来的懦弱、自卑、多愁善感，以及由此导致的苦闷、孤独甚至一腔热血付东流。从而，质夫、文朴、伊人们根本上都是一些于国无补、于民无补的多余人，他们“对于世界是完全没有用的”“对于这么混乱的中国”，也“不能制造一个炸弹，杀死一个坏人。中国生我养我，有什么用处呢?”而对于家庭、对于母亲，同样“还是一个完全无用之人”[①]。尽管都是这样一些并不英雄、并不纯洁并且与主流社会格格不入的“无用之人”，郁达夫却通过对他们人性之弱的放逐，将人生的边缘体验和人性的边缘状态淋漓尽致地展现在了读者的面前。

这是一种极度舒展的自我放逐。好比两度出洋（东洋和南洋）将自己生生放逐到大地的尽头，从而拥有一段不同寻常的传奇人生一样，郁达夫在他的小说中，也极其自然地让人物从主流社会和主流话语中流放出去，驱逐出去，既为让他们体验常人无法体验的人生，承受常人无法承受的“性的苦闷”和“生的苦闷”；更是通过那样一个陌生的，甚至可以说是“绝对隐私”的环境，将每一个个体的渺小、卑微、狭隘、自私，甚至“被窝里犯的罪恶”，都无所顾忌地展示出来，陈列出来，任人品评，也任人责难。这样的舒展和大度，这样的率真和奋勇，或者只能在自我放逐的前提下、在不被更多人窥视的环境中才能真正得以完成。

于是，在我看来，个人化写作将必然地和自我放逐的边缘体验联系在一起，因为唯有这样，写作才可能是真正个人的——在这一点上，郁达夫似乎也为我们树立了个人化写作的样板。

呼唤人的个性与独立，尊重人的自由和选择，是旨在推翻以等级、秩序、专制、权威为核心的传统文化的“五四”新文化运动的一个首要目标。从这个意义上讲，关注普通人的个人经历、小我体验和边缘状态的个人化写作才是最与“五四”所努力追求的自由、独立、民主、平等

---

① 郁达夫：《零余者》，《郁达夫文集》第 7 卷，花城出版社、三联书店香港分店 1983 年版，第 250 页。

的时代精神一脉相承的，也才最应该是尊文学为“人学”的“五四”文学或者20世纪中国文学的主流。而如今，这样的写作在经历了近一个世纪被放逐的徘徊和游荡以后，最终在世纪末卷土重来。我们希望它能成为21世纪中国文学殿堂中十分显目的一支力量，因为我们相信，时代的步伐总是向着越来越注重和体现人的个性和价值的方向前进的。

第四章

“炉边独语”：文本细读与全集校订

一 “圆明园情结”与郁达夫创作

——读郁达夫遗文《圆明园的一夜》

（一）一道沉寂的“寂光”

《圆明园的一夜》是郁达夫完成于1920年6月3日的一篇早期日文小说试作。原计划发表于郁达夫与其四位八高的日本同学合作创办的日文文学杂志《寂光》上。“寂光”在日文中有“寂静的光”“智慧的光”的意思。鲁迅去世不久，郁达夫写下的悼文《怀鲁迅》中，即有“在鲁迅的死的彼岸，还照耀着一道更伟大，更猛烈的寂光”的表述，此处寂光一说，概能同解，尤其与下文“没有伟大的人物出现的民族，是世界上最可怜的生物之群；有了伟大的人物，而不知拥护，爱戴，崇仰的国家，是没有希望的奴隶之邦”的说法联系在一起的时候。尽管现有资料无法考证“寂光”这一刊名的选定在多大程度上与郁达夫有关，也无法确知1936年的郁达夫写下这两个字时候的心情，但有一点但想无妨的是，下意识里，年届不惑的郁达夫难道没有对自己学生时代那部夭折的杂志和那篇夭折的作品的留恋么？因为后来，由于种种原因，这束文学的“寂光”终于没有发亮，这篇小说也终于归于沉寂80多年。

然而与小说相关的信息却一直留在人们的视线里——于听《郁达夫简传》，郁云《我的父亲郁达夫》，稻叶昭二《郁达夫——他的青春和诗》，王自立、陈子善《郁达夫研究资料》，陈其强《郁达夫年谱》，郭文友《郁达夫年谱长编》里，我们都能搜索到它的存在。

2006年12月，在郁达夫诞生110周年之际，浙大版《郁达夫全集》问世了，郁达夫的这一遗文连同另一篇小说试作《两夜集》一起被收入新《全集》第一卷中，这也是这篇传说中的郁氏小说首次与公众见面。遗憾的是，我们现在所能看到的只是这篇小说的一小部分，翻译成中文，尚不足3000字。

因为手稿[①]残缺，所以故事是不完整的。但这不影响我们对小说的解读。面对手稿，我们注意到两个细节：其一是手稿上有两处“圆明园的一夜”，其二是小说中有一个明确的时间刻度：三日木曜（三日周四）。

先来看这两个“圆明园的一夜”。一个肯定是小说的标题（手稿显示置于右书式手稿内文之上方），另一个是在这段文字之后。

> 如此紧张的心情我从未有过。
>
> 我想写的东西大致有二。一是《秋夜之事》，欲先从K的性格描写入手，接着是圆明园凄凉的景象，最后加入神秘吹箫人的传说；二是写在东京的我国留学生所遭受的虐待、留学生的复仇心、意志薄弱的主人公的愚蠢行为和愤怒之后由绝望而自嘲以及在辗转漂泊中的某个夜晚，面对某一女仆自嘲后嚎啕大哭等等。[②]

这段文字里大致有两个内容需要解读。第一个需要解读的，是“如此紧张的心情”。可以明确的是，作者抱着从未有过的紧张心情开始了这

① 《圆明园的一夜》的日文手稿由郁氏后人珍藏多年，于《郁达夫全集》新版时提供。

② 《圆明园的一夜》中译文，杨晓红、王维贞译，谢志宇校：《郁达夫全集》第一卷，浙江大学出版社2006年版，第14页。

篇日文小说的写作。虽然，这并不是郁达夫最早构思写作的小说，现存的《两夜巢》即早此一年左右，但毕竟是第一次以非母语写作文学作品，而且是一篇准备发表在“《新思潮》那样的——具有通向文坛的龙门的意义——同人杂志”上的作品，“如果真成功的话，郁文或许会在日本参加作家活动也说不定”[①]。这样一部尚未出世的杂志本身的高定位，让一名借此出道的作者体会到重压之下的“紧张”，这太是人之常情了；而反过来看，我们也能这样理解并且相信，高内压状态下作家的写作必定会体现更多自律，也更多自我诉求。

第二个需要解读的，则是“我想写的”两个东西。对这两个构思中的故事，作家作了提纲式的概括。从叙事角度看，它们当然是以预叙的形式，事先告知读者故事走向的一种叙事方式，颇类似于我们宋元以后的话本小说。于是要而言之，小说“想写的东西”，一是“兄长的友人”K 的故事，二是“在东京的留学生”S 的故事。

所以想来，这段文字之后的“圆明园的一夜”该是真正展开的小说的标题了，而上述文字，则是小说的前言或小记。在《全集》发排时，我们在译稿中取消了这一文内标题，而将上述两段文字排成了题记的模样。

手稿上第二个引人注意的细节是，在中断的“K 的故事”和未完的“S 的故事”之间的时间刻度：三日木曜（三日周四）。这个时间刻度单独成行，不加标点，完全是日记的格式。而据手稿的保存者、郁达夫长媳陆费澄女士证实，从前面日记判断，这篇小说的写作始于 1920 年 6 月 2 日，终于 1920 年 6 月 3 日。根据万年历，3 日这天正是星期四。因此“三日周四”基本是小说之外的一个日记时间符号。

如果注意到了这两个细节，那么，小说大致的创作状态就可以作一个假想的还原了：1920 年的郁达夫用了两天时间来分别写作这两个不同的故事——6 月 2 日写的是“K 的故事”，对照题记，基本只是开了一个头，“圆明园凄凉的景象”和传说中的“神秘吹箫人”都未及出场（于是

① 见稻叶昭二著，蒋寅译《郁达夫——他的青春和诗》附录三《八高、东大同期生谈日本留学时期的郁达夫·福田武雄先生谈》，《郁达夫传记两种》，浙江文艺出版社 1984 年版，第 279 页。

题目才变得似乎让人难以揣摩了）；6月3日另起炉灶（“紧张”或者谨慎若此），写了“S的故事”，虽然从现有的文字可以想象，故事的基本思路不出题记之左右，不幸的是许多内容佚失了。所以我们现在看到的是两个不完整的故事片断。郁达夫是否对其中第一个故事有续作，第二个故事的结局又是什么，至今不得而知，有待继续考证和发现。

（二）日记本上的小说——是日记还是小说？

作为一篇写在“1920年的日记本”上的日文小说，该小说的审校、郁达夫研究专家谢志宇提出了一个重要的疑问，因为他发现，除了残缺不全，这篇小说的日语行文并不特别规范，尤其书写和修改比较随意，甚至个别文字让人难以辨识，小说开头部分的内容又让人难以判断，“圆明园的一夜”的标题更没有明确着落，加上日记的时间符号，“它到底是小说还是日记？”

是日记还是小说的问题本来是不成问题的。据现在掌握的资料，郁达夫以日文写作的文学作品只此一篇，可以断定，这是郁达夫专门为那本正在筹办的日文文艺杂志创作的；而在郁达夫尚未立名文坛的1920年，小说散文诗或许都有可能，但作家断不会拿自己的日记出去发表——那是1927年以后的郁达夫的事。同时，当年与郁达夫一同谋划这部杂志的同学福田武雄，后来在其回忆中有“郁君的作品构思我没听到过”[①] 的表述，这句话内含的信息对于支持这是一部需要构思，并且可以交流构思（比如情节、人物）的作品——小说——是非常重要的，它同时排除了作品作为散文的可能。而且，虽然它写在日记本上，但文中的那个时间明显是写作时间而不是故事时间，因为作者所描述的乘邮船回日本等事件均是距写作时间半年多前发生的。

所以，《圆明园的一夜》是小说，基本毫无疑义。那么，为什么这部小说会给人“日记”的疑惑呢？仔细想来，这并不是一个毫无来由的问题，更不是一个毫无意义的问题。在郁达夫未来的创作生涯中，这篇残

---

① 见稻叶昭二著，蒋寅译《郁达夫——他的青春和诗》附录二《福田武雄先生书瀚二通》其一、其二，《郁达夫传记两种》，浙江文艺出版社1984年版，第276页。

缺的小说的价值正在于它为我们预演了郁氏小说日后诸多的个人元素，“日记”现象或许正是郁达夫“艺术和生活紧抱在一块”的自叙传特色的发端。

小说所述的两个故事应该都是有据可考的，比如第一段故事。

> 秋深了。
>
> 古都的情趣一天天地令人感到寂寥。路边的杨、槐、榆等树木的影子逐渐淡薄起来，在轻寒的早晨，凋残的树叶也开始一片一片地落下来了。
>
> 在北京哥哥家中比较舒适地度过了两个月时间的暑假的我，又回到日本来了。[①]

这“两个月时间的暑假”，正是1919年夏天，郁达夫从八高毕业，考入东京帝大的那个暑假。郁达夫这年9月4日离开日本回国，在长兄郁曼陀的鼓动说服下参加在京举办的外交官和高等文官考试，两试不第，11月11日重返日本。小说基本以这个事件为由头。而三年以后，当郁达夫在另一篇小说《血泪》中写下“这一年九月里，我因为在荒废的圆明园里看了一宵月亮，露宿了一晚，便冒了寒，害了一场大病”的时候，更完全消除了人们对本篇小说所叙之事之真实性的任何疑惑，甚至“圆明园的一夜”也因之有了明确的出处。1922年7月19日，郁达夫结束十年的留学生涯回国，8月4日即作小说《血泪》[②]，这部作品回忆的正是三年前（1919年），“我又回到北京长兄家里去住了三个月”的那一个秋天——如果说1922年的《血泪》写到了三年前的“圆明园的一夜”，1920年的《圆明园的一夜》计划要写的就是半年前的“圆明园的一夜”。两相映照，几无矛盾。

所以，这篇小说告诉我们，第一，自叙传，这种将自己的生活和生命全盘托出的写作范式，这种不免让人疑惑“是小说还是日记”的写作

---

① 这段文字录自郁达夫一通家书，与谢志宇审定译稿略有不同。见郁云《郁达夫传》，福建人民出版社1984年版，第40—41页。

② 据陈其强《郁达夫年谱》，浙江大学出版社1989年版，第84—85页。

范式，这种最是郁达夫标志的写作范式，在郁达夫最初的两部小说试作[①]中就有了明显的运用。这为我们探考郁达夫小说自叙传风格的由来和历史，提供了更早的依据。

第二，因为真实，所以“互文”。将《圆明园的一夜》和《血泪》比照互读还可以为我们解开郁氏小说创作的另一个密码。如日记般真实的故事，才能在作家笔下随处出现而不致穿帮。虚构可以“互文”，比如米兰·昆德拉，比如马原，比如王小波，但难保不是人们不曾刻意去考证其所互相关联的“虚构”的人物事件背后的现实原型时获得的“谬论”。我一贯认为，真实给了作家题材，更给了作家从各个不同角度展示和演绎这一题材的灵感和勇气。郁达夫各文体的写作之间（小说，散文，游记，日记，甚至诗词），各阶段的写作之间，相互关涉的状况实足常见，比如更早的一篇小说试作《两夜巢》和同期写下的旧体诗《赠梅儿》《留别梅儿》《留别梅浓》等，就是这一关系。郁达夫创作中的互文现象不单纯是其写作理念现代性的体现，也是至今郁氏创作各文体难以断然区分的一个秘密——《圆明园的一夜》的“是日记还是小说”也可以落入那个无解的郁达夫圈套。正是基于这样的考虑，我们在《全集》的编排上，没有将“三日周四”这一日记时间符号去除——谁又能说这个时间一定不是指的下文那个“收到钱的晚上，汇票寄到的晚上”的日子？

（三）“圆明园的一夜”和圆明园情结

“圆明园的一夜”与郁达夫的圆明园经历有关，这确是一个毋庸置疑的事实了。这里留给我们的问题是，郁达夫何以会在圆明园露宿一个通宵，只是为了呆看一宵的月亮么？又何以坚持以“圆明园的一夜”为题，当现有手稿无法显示小说有与圆明园更直接的关系的时候？

关于圆明园，在郁达夫的《自传之五——远一程，再远一程》中，我们看到了一段值得重视的文字。

---

① 包括《两夜巢》。该小说写在浙江教育视察团官员 1919 年 2 月中旬参观名古屋中小学校这一公干之后。郁达夫与部分留日学生全程陪同参观。据陈其强《郁达夫年谱》和王自立、陈子善《郁达夫简谱》。

> 从嘉兴回来，路过杭州，在梅花碑的旧书铺里，我竟买来了一大堆书。这一大堆书里，对我的影响最大，使我那一年的暑假期，过得非常快活的，有三部书。……一部是无名氏编的《庚子拳匪始末记》，这一部书，从戊戌政变说起，说到六君子的被害，李莲英的受宠，联军入北京，圆明园的纵火等地方，使我满肚子激起了义愤。……

从嘉兴回杭，是1911年6月。郁达夫考取杭州府中后曾因膳费之故曲就嘉兴府中，6月因病辍学，路经梅花碑，自江干水路回富阳。这一年的暑假，孙中山的辛亥革命尚未发动，满清政府的统治正满目疮痍，摇摇欲坠。1860年10月，圆明园第一次遭英法联军蹂躏，几被烧成废墟；1900年再遭八国联军纵火，更被抢尽财宝，落得一片荒芜。面对圆明园的浩劫和泱泱古国的大耻，任何一个有良知的中国人，都会有“义愤”和“反抗”在心间。甚至，说20世纪初的中国公民，在意识深处或多或少都拥有一个以雪耻和复仇为基本旨归的“圆明园情结”，当不至不被认同。手捧《庚子拳匪始末记》的郁达夫年仅15岁，正是一名血性少年，从那部书中了解到圆明园之难的细节，“满肚子激起了义愤”，从而，平生第一次到北京的1919年9月，郁达夫即专程赶去圆明园凭吊，环看那片让他心痛的“凄凉的景象”，看月亮，露宿，整一个通宵。我们可以想象那个晚上凭吊者心绪的不平静；也可以想见这一整个晚上的凭吊，既源自郁达夫年少时候“圆明园情结”的召唤，更让从敌国（日本乃八国联军之一）学成回国（东京八高毕业，这在当时已有一定的就职实力，回国赴考就是这一实力的检验）的青年学子，一方面警觉到了自己对于国家民族的使命和责任——这种使命意识和责任意识，能让作家在民族危亡的关键时刻，毅然抛开“作家”（“writer”）的文弱，实现“战士”（“fighter”）的价值；另一方面，更加深了作家胸中难以排遣的以感时忧国、忧世伤生为情感征候，以悲凉颓废、残缺破败为审美征候的“圆明园情结”，并在此后的写作中得以更多的实践。

从这个角度出发，则《圆明园的一夜》一作中，我们在两个故事分别记录的“圆明园凄凉的景象”和“在东京的我国留学生所遭受的虐待、留学生的复仇心”之间，找到了一条由郁达夫的“圆明园情结”串联在一起的情感线索——前者是景语，写景的凄凉，是“比”；后者是情语，记人的遭遇和心绪，是“兴”——它们正统一于作家心中那个无以释怀的“圆明园情结”，统一于“圆明园的一夜”所设定的那个凄清潦倒的意境。

而且这条“情结线索”，几乎贯穿了郁达夫全部的文学写作。不仅《圆明园的一夜》的故事情节和人物的自卑敏感，我们在此后的《银灰色的死》《沉沦》《南迁》《空虚》这些日本题材的小说中能体会似曾相识，在其另外的作品中也尽可以发现“S”的影子，发现“受虐”“复仇”“绝望”和“自嘲”；至于那种始终流淌的凄凉荒废的病态之美，和忧世伤生的文学关怀，更是郁达夫创作中最真率动人的地方。

综上所述，由小说残稿《圆明园的一夜》，我们完全可以得到这样的想象：文本自在的自叙传写作范式，互文化写作现象，以及文学关怀和审美品格上的“圆明园情结”，于郁达夫文学写作具有当然的奠基意义。

（原载《名作欣赏》2007 年第 7 期）

二　从《雁荡山的秋月》看郁达夫游记散文

郁达夫 1896 年出生，出生在杭州城郊的富阳，那是一座山水名城。

从郁达夫《两浙漫游后记》，我们看到，那一年郁达夫游历了整个天台和乐清雁荡之后，得出一个结论，就是龚自珍的两句诗：“踏破中原窥两戒，无双毕竟是家山。”

富春江的山水在他眼里是天下一绝。在他那篇后记里，他讲：“我在浙江，还想取富春江山水为压卷。”也就是压轴的，最后最美丽的一块地方。这是他比较所游历的山水佳处后，得出的一个结论。

这恐也是一个事实，因为在他眼里，不仅因为富阳富春江是家乡，也是有山有水的地方。乐清靠海，但雁荡山只以山石取胜，“水”相对并不突出，有一点美中不足。因此郁达夫对家乡有这样一种赞美，或具这样一种情怀，也是在情在理。

郁达夫侄女郁风手绘过一帧“郁达夫故居”，大概在 80 年代中期，那个时候故居基本还保留原貌。我是 80 年代中后期第一次去那里，看到的正是这样一所房子，有院子、围墙，通往故居的“达夫弄”也是很窄小的一条石板巷。

现在情况不一样，它被修成一座仿古建筑，周边房子都拆掉了，背后是高大的多层公寓。整个感觉不太一样了。故居结构基本还是郁达夫当时所住的模样，两层小楼，二楼朝西的卧室是他和孙荃夫人的婚房。

对一位作家的认知当中，其出生地对他的成长非常重要。某种意义上讲，郁达夫那样一种清丽、委婉的笔墨，很多可能出自富阳山水的秀美和温润。

回到《雁荡山的秋月》。1934 年 10 月 27 日到 29 日，郁达夫从杭州经天台来雁荡山游历，之后写下这篇游记。

郁达夫是 1933 年 4 月 25 日从上海移家杭州。他曾留学日本，1921 年在东京帝大和郭沫若、成仿吾、张资平一起发起文学社团，就是“创造社”。整个“创造社”的文学品质基本上与郁达夫的浪漫多情紧密合拍。从日本回国以后，他先后去了安庆、北京、武昌、广州，后来回到上海。那是 1927 年，在上海遇见了王映霞。

这时，上海是普罗文学与普罗文化的大本营。郁达夫也参加很多社会活动，包括发起“自由大同盟”，加入“左联”，也为“左联”五烈士奔波，《钓台的春昼》中我们非常熟悉的那首诗《钓台题壁》，就是写于那时，写出了国民党高压下文人的一种心境。显然面对社会问题，郁达夫也有强烈的参与或者以笔投枪的冲动。但另外，这时候的郁达夫 30 挂零，人们普遍认为已经人到中年，青春和冲动应该渐渐远去。他自然不会像“左联”队伍里那些 20 郎当岁的年轻人，热衷于散发传单、游行示威、飞行集会，当年“左联”更多时候不是在做文学，而是在闹革命，这与郁达夫骨子里头对文学的追求，对文学和自由的信仰，应该说有强烈反差。

在《杭州》这篇散文里，他非常明白地讲：“我不是想上西湖来寻梦，更不是想弯强弩来射潮。”1933 年 10 月 6 日写给刘大杰的一封信里，他透露：“此次迁杭，意在暂时避去普罗嫌。”这恐怕跟他的“左联”记忆分不开。

那个时候，面对白色恐怖，郁达夫是被通缉的对象，是红色的左翼作家；但是左翼队伍里，他又是一位大家所不能完全接受的小资文人，一个颓废的、病态的文人。白色恐怖和红色革命，从左右两道挤压着郁达夫，他两边都不落好，或者说两边他都不得道，同情无产阶级，便获右翼势力警告；立足自由写作，又遭左翼文坛驱逐。后来他回答美国记者史沫特莱提问时，也非常明白地说："我只是一个作家，不是一个战士。"

因此，移家杭州就成了一个非常自然的选择，一种叶落归根，一种人老返乡。移家杭州，离开是非之地，离开那样一个政治和文化的旋涡，就成了郁达夫的自然选择。所以他到了杭州之后，更多专注于写游记。

这个自然举动的背后，我们可以想象它是郁达夫想要避世的一种方式。他说："来杭州蛰居半年，文章也不作，见客也少见，小心翼翼，莫学今人，唯恐祸从口出，要惹是生非。"

到杭州以后，郁达夫的生活重心发生了变化，比较多的时间用以游山玩水。我们可以看一下移家杭州后的时间表，1933 年 11 月，他有一段时间应杭江铁路（就是现在浙赣线的一部分）邀请，坐火车游历并作游记，先结集成《浙东景物纪略》，记录他诸暨、金华、兰溪、龙游一线的游程；又作《西游日录》。后来被集中在《浙东景物纪略》里，称这一段为"杭江小历纪程"。几个月以后，应"东南五省周览会"这一组织的邀请，与许多大腕，像胡秋原、潘光旦、林语堂等一起同游临安和玲珑山。这批作家总共有 40 多人，分五路，其中一路最终是上黄山，经临安、西天目、东天目、昱岭关到黄山。但是很不巧，因为那个时候才 3 月底 4 月初，黄山据说下雪了，所以只能到屯溪为止。后来也留下了一组游记。

这些游记后来有了一个共同的标题：《二十二年的旅行》。"二十二年"指的是民国二十二年，也就是 1933 年。从这一年杭江铁路西游开始，第二年，又有 3 月底 4 月初的黄山之行，7 月到 9 月的青岛、济南、北戴河、北平的避暑之旅，10 月份的天台、雁荡之旅。从秋天到春天到夏天再到秋天，郁达夫像都是在外面游荡，在外面旅行，而且"几乎成了游记的专家，几乎成了山水的东家"。

他讲旅行的快乐在于这样两方面：“一是精神的解放，二是好奇心的满足”；也表示：“暗地里也有一点去散散郁闷的下意识在的。”这个时候他移家杭州不久，上海留给他的那种郁闷，其实并没有排遣多少。所以他的心境应该说是相当复杂的。

10月份的天台、雁荡山，因为秋高气爽适合履行，而且一路还有从北平来的一位一年多不见的朋友王文伯陪伴。王文伯是郁达夫日本留学时候认识的，交友广泛，以书画鉴定和收藏为名。

那个时候公路和铁路这些现代交通发展迅猛。1927年到1937年这十年之所以被称作是“黄金十年”，正因为整个中国的基础建设发展非常迅猛，包括我们现在大上海看到的许多建筑都是那个年代落成的。所以以杭州为中心，铁路和公路被大量修建起来，包括回富阳。那天早晨六点多上车，晚上六点多钟回杭，这12个小时里郁达夫回了一趟富阳老家，还上了桐庐桐君山，这段游历，留在《桐君山的再到》里，基本上是与王文伯一起天台、雁荡之旅的一个组成部分。

郁达夫游记散文的字里行间都留下了他的感慨，让人们感受到他的那种入世情怀。虽然郁达夫是在游山玩水，但在他游记文字的字里行间，仍然可以触摸到他的心境。

郁达夫的游记，其实包含了很多的元素，他不仅仅是纪游，同时是诗、政论、历史和文化反思的综合体。也就是说，从他的游记文字中，可以看到方方面面的关注、思考和批判。这恐怕是郁达夫游记与众不同的地方，一种不动声色、不弯强弩的批判，也是这样一位现代文人、现代知识分子，即便是远离了文化中心、政治中心，骨子里头仍然是一名“战士”的特殊之处。比如游记名篇《钓台的春昼》，就融入了比较多的政论的文字和主题。他把国民党施行的文化高压、文化专制比作秦始皇焚书坑儒，是对当时国民党制造白色恐怖的批判。另一篇写杭州西溪湿地的《花坞》，也是把对商业社会的批判置入字里行间。

而在《雁荡山的秋月》《西游日录》《杭江小历纪程》里，也有许多心境复杂的、以“出世”而“入世”的文字。

“这北国的秋天，若留得住的话，我愿把寿命的三分之二折去，换得一个三分之一的零头。”这是他发生在《故都的秋》当中的一个感慨，是他在游历了故都的一座皇城之后的一种感慨。

“想几时去弄一笔整款来，把我的全家、我的破书和酒壶等都搬上这桐庐县的东西乡，或是桐君山，或是钓台山的附近去。”这是《桐君山的再到》的最后，作者发表的一种感慨。

“登太华以笑韩愈，入终南而学长生，然后可以永永老死在蓬窗陋巷之中了。”这是我们在《雁荡山的秋月》里看到的。“太华”指的是太华山，也就是华山。华山非常险峻。说韩愈登华山，在登上华山最险的那段时吓哭了，他以为自己下不去要死了，然后留下遗书，成了后人的一个话题。“终南”当然指终南山。终南山是道教圣地，甚至是发源地，因为老子的《道德经》据说是在那边写成的。我们看鲁迅的《出关》，记的就是这件事情，虽然《出关》有很多戏说的成分。“入终南而学长生”，因为终南山被认为是中国第一福地、中国第一福山，可以长生不老，因为山上有很多药草。这是郁达夫游雁荡山之后的一种心境，表明了自己对世外之“山”的由衷热情。

这三段文字，表达了一种比较共同的情感。都说仁者爱山，智者乐水，智慧和仁慈、善良的人都是爱山爱水的，或者说是爱大自然的。这是一种人之常情，也是一种社会常态。

移家杭州是为了避世，在游山玩水中，郁达夫确实也找到了一种出世的方式，甚至期望抛开红尘、折去三分之二的生命，去永永老死在山水之间，以这样一种比较夸张、比较极端的方式出世；但另外，他又时时关注着身处的时代和社会，出世之心均由入世之境所迫就。

这种入世表现在哪里呢？当他赞美着家山景物的美好的时候，这个“家山”很快就不仅仅是生他养他的家乡富阳，之后，当国家面临被日寇侵占、蹂躏这样一种内忧外患的时候，其实它勾起的是郁达夫的一种家国情结，所以“无双毕竟是家山”，从某种意义上，可以被解读为“无双毕竟是家国”。

在几番游历之后，1936 年年初，他被朋友陈仪邀请去福建福州任职。1937 年抗战爆发，他像其他作家一样，加入了当时在武汉的“中华全国文艺界抗敌协会”；1938 年 4 月，有一个月的时间去徐州台儿庄前线劳军，为将士颁发锦旗；1938 年年底，转道香港去了新加坡，与其他许多作家像夏衍、戴望舒一起，加盟胡文虎、胡文豹兄弟在南洋诸岛创办的“星”字号报纸，通过媒体来宣传抗日，来筹措资金，用这样的一种方式表达自己的抗战意志。正是骨子里的家国情结，使得郁达夫可以义无反顾地投入抗战救亡的反法西斯战场，为了家山的静美，为了家国的完整。

1941年12月8日，太平洋战争爆发，新加坡不久沦陷。1942年的2月，郁达夫被迫离开新加坡，后来一直流亡在印度尼西亚，直到1945年8月29日被日本人暗杀。

虽然当初表示自己只是一个作家，不是一位战士，但是事实上，郁达夫用实际行动让自己成了世界反法西斯战场上非常勇敢、坚定的一位“战士”。在这个过程中，我们不仅看到他在新加坡期间写了大量的杂文、政论、诗词。郁风曾经编过一部《郁达夫海外文集》，内容非常丰富，能够让我们感受到他的抗战意志和抗战必胜的坚定信念。而且他把战士这样一种气节保留到了最后，是现代文学史上最为著名的被人民政府授予“烈士”称号的作家。

他的出世之举，应该说是与众不同。而在这个过程当中，也能够彰显出他的这种入世之心。所以我们经常讲郁达夫是一位不标榜战士的战士，他称自己不是战士，“我不是一个 Fighter，我只是一个 Writer”，只是一个作家，只是一个文人。他从来都不愿意做标榜先进的战士，却从来都是记录时代的作家。他的小说如此，他的诗如此，他的散文如此，我们说他的游记仍然如此。所以这恐怕是郁达夫的现代游记有别于其前任的地方。这正是郁达夫值得我们敬重，值得当下知识分子学习的地方。他是一位有文学情怀，更有政治情结的现代文学知识分子。

浪漫放达、感时忧国，是郁达夫文字看似矛盾却相反相成的两个侧面。身为左翼作家，仍坚持自己与众不同的艺术表达，坚持自我抒情，坚持对小我和弱我的关注，同时坚持把家国的体验和小我的经历、感受，通过自叙传小说，通过散文，通过游记，表达出来，从而体现浪漫放达与感时忧国、文学情怀和政治情结的并重。

他的文字让我们感受到一个作家对时代的一种关切，他的感受就是我们大家共同的感受。既不为政治而怠慢文学，也不为文学而罔顾政治，此两者的并重在他的文字里面体现得非常充分。因而我们说，他不仅仅是一位作家，更是一名战士，一个有道义、有良知、有担当、有谋略的知识分子。所以他所体现出来的爱国爱家，他所体现出来的忧世忧民，绝对不是口号，而是一种发自内心、充满个性色彩、充满小我体验的文字，特别容易被大家所接受，被读者所认同。

（2014 年为乐清图书馆讲座。感谢乐清图书馆记录整理）

三　关于一则郁氏佚文的疑问

（一）郁著说？林著说？

新收入浙大版《郁达夫全集》的《“平社”成立大会特刊·发刊词》（以下简称“《发刊词》”）这篇骈骊体写就的短文，早在 80 年代即由孙逸忠先生从 1941 年 5 月 31 日的《南洋商报》“平社成立大会特刊”上发现，并由天逸（诸天寅和孙逸忠两位先生）撰文断定虽然本文署名“林庆年”，但“实际上是出于郁达夫的手笔”，与同期发表的《看京戏的回忆》同是此前郁文集未收入的“佚文”。理由有三：（1）林庆年本人“是当地华侨中一位财力雄厚的实业家，并不精通文墨”；（2）“据林姓华侨告知笔者”，《发刊词》为郁达夫所作；（3）《发刊词》“文辞简练，音调铿锵，高屋建瓴，旗帜鲜明”，“非郁达夫这样的大手笔”难以为之①。从此，两篇佚文尤其《发刊词》的“郁著说”浮出水面。但这一成果显然未能引起郁研界的及时反响，92 版《郁达夫全集》仍未将此二文收录。

1996 年，长年从事郁达夫研究的福州资深史料专家陈松溪先生向“郁会”提交了《关于郁达夫抗战佚文的辨识》这一重要研究成果，对《发刊词》的“郁著说”提出了质疑。这篇后来分别刊发于《福州社会科学》《新文学史料》等学刊的论文，还获福州市改革开放 20 年优秀社会研究成果三等奖，其中一个重要章节就是对这篇郁氏“佚文”的商榷。

---

① 天逸：《郁达夫与京剧》，《中华戏曲》1986 年第 2 辑。

陈文提出了自己的观点：《发刊词》并非郁氏“佚文”，而其作者就是署名中的林庆年。理由有：（1）通过查证《泉州市华侨志》，“林庆年有大学学历，本身又从事教育工作，长期参加教育活动，如果说他‘不精通文墨’，这是说不过去的”；（2）“天逸先生并没有说明‘林姓华侨’与林庆年是什么关系，林庆年是在什么情况下请郁达夫代笔”；（3）即使是郁达夫为商报特刊写“发刊词”，“发表时也完全可以署自己的姓名”。（4）南洋学者王慷鼎、姚梦桐未将此文编入《郁达夫南游作品总目初编》和《郁达夫旅新总目系年》，连奇、陈楚材诸先生也都认为林庆年完全有能力自己撰写，而不需郁达夫代笔。[①]

两份学术成果各执一词，且初看起来都言之成理，但真相应该只有一个。天逸先生文字研读在先，新版《全集》之收入此文，基本采信此说；但《全集》问世不久，就接到陈松溪先生的信函，对《发刊词》的“误收”重申了明确的意见。

> 这里我们探讨你主编的《杂文卷》（下），我认为收入《平社成立大会特刊·发刊辞》是误收。此文作者原署名：林庆年，这是很明确的。我曾查过林庆年的履历，他有大学学历，本身曾从事教育工作，长期参加教育活动，说他“并不精通文墨”而需要别人代笔，不近情理；即使是郁达夫为该特刊写《发刊辞》也完全可以署自己的姓名。以郁达夫当时在新加坡的名望，自己的作品署别人的姓名，可能吗？我在1996年冬送交“郁会”的论文《关于郁达夫抗战佚文的辨认》中有一节专门论述过，拙文先后发表于《福州社会科学》《新文学史料》《富春江》，稍后被评为福州市改革开放20周年社科优秀成果奖三等奖（市政府奖），收入《沧桑巨变结硕果》（海峡文艺出版社1998年版），也收入李远荣编著的《郁达夫研究》，不知你的看法如何？[②]

① 陈松溪：《关于郁达夫抗战佚文的辨识》，《新文学史料》1997年第2期。

② 陈松溪先生2008年3月16日致笔者函。

虽然我并非《杂文》下卷编者，但陈老先生的意见还是推动着我的推想。

（二）我的推想之一：侨领林庆年和郁达夫代笔的可能性

先来看看陈文摘编的安溪著名侨领林庆年履历：1893 年生。年轻时就读于北京大学。1924 年，返乡组织民军，同年往吉隆坡开茶行。1925 年在新加坡设立茶行，并经营民信汇兑业务。1927 年起推动乡村私塾合并为新式小学。1929 年就任福建会馆教育主任后，积极推动会馆所属学校，把原来多数用方言教学改为国语（普通话）教学，并首创中小学会考制度。1930 年任华商银行董事，1933 年起，就任南华女中校董会主席、董事长长达 21 年之久。1933 年、1935 年先后当选为新加坡中华商会副会长、会长。抗战爆发后，任新加坡筹赈会委员。新加坡沦陷前夕回国。1946 年返新，重营商业。1947 年回南京，两年后又回新加坡，再度从商，并积极参与社会、教育活动。1966 年过世。

从上述履历，我们基本可以判断，作为侨领，林庆年一生成功的主要基石在经商，其参与教育活动，多限于教育活动的外围——他更多是作为一位热心教育的商业人士加盟教育机构的，是一名成功商人对社会的反哺。在传统中国，“行乞办学”一直是私塾以外的教育机构重要的筹备经营模式，以商助学，经商办学，不仅在中国大陆，在南洋华人中间更是一个传统，南洋各校今天的校董会机构职能依然。常理来看，以商人实业家为主体的教育机构的董事们，似乎并不需要专攻文墨术业；反过来，不通文墨术业也不影响他们成为校董投身教育行业，“从事教育工作”。就像创办诸多南洋“星”字号报纸的胡文虎、胡文豹兄弟，并不曾在自己创办的报纸上留下多少墨宝，但谁也不能无视他们作为成功报人的存在一样。因为众所周知的是，支撑其报业的，不是兄弟二人的新闻术功，而是那些个鬼油花油。所以，陈文判断林庆年以校董身份“长期从事教育活动”，并不能天然说明“精通文墨”至有写作《发刊词》的能力，至少，二者之间没有必然联系；甚至从概率上讲，身为校董而不精通文墨的可能性似乎更大一些。所以，要令人信服地证明林庆年并非不精通文墨，或宜找出林庆年第二篇、第三篇、第 N 篇同样质地的文墨，才足以正视听。即林庆年是否留下更多的文字材料让人感受其文墨功力，是否能够发现此篇《发刊词》以外的文字以作佐证，是支持“林著说”、否定“郁著说”的关键。

退一步说，即使这区区200字对林庆年而言，确因“北大学历”而易如反掌，然此时身为校董主席、商会会长、筹赈会委员和平社社长，又身处战乱频仍之非常状态，筹赈事务、日常商务如此繁忙，林庆年请社员或理事代笔或社员理事愿为代笔，亦全在情理之中；且这实在是太司空见惯的潜规则了。而况，“郁著说”非但丝毫无损林庆年作为爱国侨领的身份和形象，相反，以郁达夫之盛名而愿为林庆年代笔，只能说明林有让郁鞍前马后尊敬有加的资本。所以，另外一种更大的可能性就是：即便林庆年的确精通文墨至能写《发刊词》，他都完全不必、不应亲手操刀。

其次，从郁达夫本人的角度，他是否如陈文所述会在这样的场合着意于“署自己的姓名”，也是一个颇废思量的事情。在我看来，郁达夫作为性情中人，已然世所共识。当身处抗战旋涡之南洋，受各界爱国热忱感动，他写下200字的短文实在是情之所至，手到擒来；同时也更能意识到，以林庆年作为主席、会长、委员、社长的号召力，显然对提振一个京剧研究社团更广泛的公演筹款、救灾抗战职能，善更大焉。于是，特刊首刊，发刊词由社长署名，既是礼节要求，更是时局使然；才思横溢的郁达夫替社长“捉刀”，亦成了一件你情我愿、各方共赢的事情——这个时候计较一个署名，那还真不是郁达夫；这个时候再质疑“林庆年是在什么情况下请郁达夫代笔”，也显得有些多余。在作家，早有“我们这一代，当为抗战而牺牲”的壮志，而这一次，只是“牺牲”一点小小的个人名利，换取更广泛的社会共识，郁达夫绝对责无旁贷。

至于南洋学者王慷鼎、姚梦桐之未将此文编入《郁达夫南游作品总目初编》和《郁达夫旅新总目系年》，在没有人提出“郁著说”之前，按署名编目而径收郁达夫目录就不合常理了；连奇、陈楚材诸先生之认为林庆年完全有能力自己撰写，等等，则陈文亦未显示此二者已做哪些相关考证。

（三）我的推想之二：两篇佚文的查实与发布

据我的了解和判断，两篇佚文查实与发布的途径应该是可靠的。

两则郁氏佚文的查考与孙逸忠、诸天寅两位先生有关。诸天寅先生1956年就读于北大中文系，师从王瑶、吴小如诸先生，一直从事现当代文学研究，今为北京联合大学国际交流学院教授；孙逸忠先生则毕业于北京师范大学中文系，曾于北京165中、北京师范大学和中国人民大学等校任教，80年代较多关注新马华人文艺创作，包括为三四十年代红极一时的传奇女画家李青萍作的长文《徐悲鸿与画坛女杰李青萍》（1986年8月8日《华声报》），亦以1941年李青萍在吉隆坡与画家徐悲鸿的交往为史料。当然，天逸文以《郁达夫与京剧》为题，重点在讨论郁达夫与国剧的关系，经吴小如先生笺注所披露的两则佚文只是其观点的一个佐证。换言之，天逸文并非着重于佚文考证，故一些细节的过于轻描淡写也就不难理解了。当然，如果是一篇史料性的文字，则其中“林姓华侨告知”一事就宜作一些深究，以便排除一些可以被纠缠的疑惑，比如：

其一，天逸（诸天寅、孙逸忠，或其中一位）如何亲闻林姓华侨告知“代笔”？

其二，林姓华侨何人？

其三，林姓华侨关于郁达夫代笔之事的记忆是否准确无误？是否另有旁证？

为此，我一直在多方联系两位学者。

两则佚文的发布，则涉及以学风严谨著称的《中华戏曲》杂志和知名学者吴小如先生。

《中华戏曲》1986年2月创刊，是以研究中国戏曲发展的历史和现状为宗旨的学术论文丛刊，每年出版两辑。创办至今，《中华戏曲》已经连续出版发行了40余辑。该刊初由山西师范大学戏曲文物研究所编辑，后与中国戏曲学会联合主办。刊物以戏曲文物研究为特色，以戏曲史、戏曲理论研究为核心内容。山西师大“学校简介”称，“《中华戏曲》素以资料翔实，学风严谨著称，是海内外戏剧戏曲学界有广泛影响的辑刊之一”。两篇与京剧相关的郁氏佚文及其介绍、鉴定、考证的文字就出现在

1986年10月出版的《中华戏曲》第2辑上。

吴小如，北大中文系、历史系教授，中央文史研究馆馆员，“业余爱好为戏曲（特别是京剧）”。其学严谨扎实，博古通今，在文史界颇有名望。被誉为“现当代中国文史界文武皆备的全才”“最后一位训诂学家，乾嘉学派最后一位朴学守望者”，即便“在北京大学这所最高学府，学者如林，然而从《诗经》一直到梁启超，能全面贯通讲授如吴小如先生的，也许并不多见”[①]。“经常有青年学者慕名而来，请他为自己的著述作序或担任某部书稿的主编，吴小如一旦答应下来，就会不遗余力地投入工作，每一部经他过目的书稿，都写有许多眉批，他甚至对文中的标点都一一订正。”[②]

这样的工作态度，放在对待“门人”发现的两篇郁氏佚文上，亦是一以贯之的严谨细致。其所作《郁达夫论京剧佚文二篇的笺注和跋》，不仅笺注赏读丝丝入扣，典故点拨和背景还原更是精准到位，这足以表明，作者对郁氏佚文的认可，是建立在逐字逐句的品读和鉴别之上的。

《郁达夫论京剧佚文二篇的笺注和跋》一文，篇首有“小如按”，云：

> 门人诸天寅同志与其同事孙逸忠同志从旧报刊上发现了两篇郁达夫先生论京剧佚文。他们不熟悉京剧掌故，嘱我给文章作些说明。我为这两篇文章做了笺注，并在篇末写了几条跋语，供治戏曲史的同志参考。一九八四年八月写于北京。

简约直白的文字交代了佚文来由和笺注源起。对文言写成的《发刊辞》，吴小如多采用注释点评的方式，围绕文中涉及的京剧掌故和历史典故，一一分析说明，而《发刊辞》的第一条注释，即标明了佚文出处，并特别说明：“此文署名林庆年，实郁达夫代笔。”这在一位连“标点都不放过”的学者，其立场分明的断言，当是足可采信的。而对白话写作的《看京戏的回忆》，吴小如先生亦通过相关背景和京剧知识的释读，为

① 丰绍棠：《也爱做小事情的大学者吴小如》，《人民日报》（海外版）2009年10月23日第7版。

② 常敬竹：《回到家中的吴小如》，《人民日报》（海外版）2001年5月23日第9版。

我们勾勒出一个"很懂京剧"的郁达夫的形象。后来，吴小如先生把诸天寅、孙逸忠合作的《郁达夫与京剧》和自己的这篇《笺注和跋》，一起推荐给了创刊不久的《中华戏曲》杂志。这两篇文章，在戏剧界一直有积极的反响。

（四）联系诸天寅先生之后

陈松溪先生对新版《全集》"误收"《发刊词》一开始就表示了明确的意见，后来还郑重提醒我们："《发刊辞》涉及著作权，还是慎重为好！"[①] 可见问题注定是无法回避的，尤其对天逸文中所涉及的那个"林姓华侨"这一细节，颇有必要具体落实。虽一直以为，以文中"笔者"的亲笔记录，本不至有误；且我亦相信"简洁"正是作者对确定不二、毋庸置疑之事的一种常态表述——很多时候，喋喋不休并不是自信的表现，何况在一篇以陈述观点为要的论文里。

但本文观点的上述演绎其实又与陈松溪先生无异，都只是建立在常识基础上的推理；要真正迎面陈松溪先生的质疑，最终还是需要找到当事人。

经多方联系，2010 年 3 月初的一个下午，我终于接通了远在北京的诸天寅教授的家电。

电话里诸教授声音洪亮，态度也非常友好，但他很遗憾地告诉我孙逸忠先生早在 1990 年就已经过世，我所关注的这些细节现在恐怕已无从佐证。诸教授告诉我，这篇文章是他和孙先生合作的。当年孙先生在北京图书馆的一间专门收藏抗战期间南洋报刊的资料室查阅了大量的新马旧报刊，那段时间孙先生几乎每天都去，抄录了大量的珍贵资料，两人也合作了不少有关郁氏佚文考证的"小文章"，《郁达夫与京剧》之后，两人还准备再度合作，可惜后来它们都因孙先生在天命之年的早逝而未及整理……"如今这些资料都不知道在哪里了"，诸教授的遗憾溢于言表。

在诸教授的回忆里，孙先生是一位十分严谨认真的学者，当我很不礼貌地向诸教授打探，当年他和吴小如先生在与孙先生合作时，有否核实过"林姓华侨"的身份，诸教授明确承认没有。"不需要，我们都知道

① 陈松溪先生 2008 年 5 月 6 日致笔者函。

他是一位从不道听途说、没有根据就轻易发表意见的人”；而且诸教授记得孙先生曾说起，当时《发刊辞》发现不久，一位“林姓华侨”、孙先生“北京165中的一位同事”，告之这篇文章是郁达夫替社长林庆年代笔，但华侨本人不太愿意孙先生在文章中公布自己的名字。为尊重当事人，“天逸”文中遂未公开“林姓华侨”身份，而诸教授和一向连标点都不放过的吴小如先生却都认同此说，认同此文系大手笔，出自郁氏之手无疑。

电话里，诸教授还强调了一个确凿无疑的事实，那就是郁达夫在新加坡办报期间，写过大量社论、时评、短论，他思路宽，速度快，写的文章很多，但有一些不署名，或署别人的名字，可惜今天当事人相继远去，这些都变得无从考证——可见，作为被郁达夫代笔的“作者”，林庆年或并不是唯一；郁达夫因代人“捉刀”而被历史湮没的文字亦不计其数，《发刊辞》也绝不是唯一，它只是有幸被一位有心人发现了……

听到这些，我稍感宽慰。当然，考虑到“林姓华侨”毕竟只是提供了一个“孤证”，为慎重起见，诸教授也建议新《全集》对这篇文章宜作一个特别的说明，记录下陈松溪先生的质疑，以便各方的进一步考证。日后《全集》重版，这是我们必须谨记的。

（五）尾声：诸天寅先生函

通电以后，我向诸老师呈寄一函，并荣幸地获得了诸教授更为详尽细致的回复。现将原书抄录于此，借作最后的陈述。感谢诸教授清晰明确的回忆和表述，使我们对“林姓华侨告知”一事的三大疑惑，除“是否另有旁证”之外基本都有了落实；感谢陈松溪先生提供的判断，让我们对历史细节的还原多了一种角度；也借此表达对辞世20周年的前辈孙逸忠先生的敬重与怀念。

杭春老师：

收到惠寄大作《关于一则佚文的疑问》及所附陈松溪先生的文章，甚为感谢！对于你这种求实认真的精神深为钦佩。

3月5日通话后，引起我的一些回忆，包括对亡友孙逸忠先生的怀念。先简单介绍一下“天逸”这个笔名，系取我的名字中的“天”

和孙先生名字中的“逸”，组合而成，我们用此笔名合写了20多篇文章，均为文史方面的小文章，记得陈子善同志看到我们在《团结报》上一篇小文，写信给报社编辑，称我们为老先生，其实上个世纪80年代，我们还是中年之人。下面介绍一下我们二人的简历，孙逸忠（1938—1990），江西弋阳人，其祖父为方志敏启蒙业师，其父母均为中共党员，新闻记者，后遭国民党当局逮捕，孙生于狱中，逸忠即狱中之谐音。其父母后均遭杀害。孙由其祖父母养育成人。1961年毕业于北师大中文系，毕业后任教于北京165中学，1979年到北师大分校任教，1986年调人民大学二分校任教，1990年3月10日因肝癌逝世。我本人也是1938年出生，浙江绍兴人，1956—1961年在北大中文系学习，毕业后在北京外国语学校、北京40中学任教，1979年到北师大分校（现名北京联合大学师范学院）中文系任教，2000年退休后到北京联大国际交流学院兼职至今。

再说那篇《郁达夫与京剧》，上世纪80年代初我与孙老师在北师大分校为同事，学校图书馆藏书报甚少，就到北京图书馆、首都图书馆等社会上图书馆去借阅。当时在北京西城区黄城根有北图一个报库，收藏旧报甚多，孙逸忠老师住处距此甚近，便在课余经常到此阅览，那时还没有复印业务，全靠手抄有用资料。大约是1985年暑假期间，孙老师从报库抄到郁达夫《看京戏的回忆》和《“平社”成立大会特刊·发刊辞》两篇文章，我们先写一篇《郁达夫热爱京剧》的小文，1985年9月8日发表于北京《戏剧电影报》，同时重新发表了《看京剧的回忆》[①]。后来我把这张报拿给吴小如先生（我在北大读书时的业师）看，吴先生很重视，他认为现代新文学作家中能像郁达夫这样钟情京剧的并不多见，这篇文章提到的一些京剧演员及剧目已不甚为人所知，所以他说愿作一些笺注。又知还有一篇《发刊辞》，就一并加注。至于“林姓华侨”，记忆中孙逸忠老师曾说他是北京165中他的一位同事，与林庆年当系本家，他确认《发刊辞》非林庆年手笔，但不愿写出名字。吴先生也认为此文应出

① 经与诸老核实，郁文应为《看京戏的回忆》，时北京《戏剧电影报》植字有误。

于郁氏手笔，所以才为此文加注。《郁达夫论京剧佚文二篇的笺注和跋》写完后是吴小如先生推荐给山西《中华戏曲》杂志[①]，并发表于1986年10月该刊第2辑上。此文发表后有一些影响，如作家邵燕祥就曾对我说，没想到郁达夫对京剧如此钟情，不仅爱看，还很懂戏，可见一个作家爱好多一些，知识面广一些，大有益于创作。

我认为陈松溪先生提出质疑也是有一定道理的，学术问题需要不同的声音，经过辩论，当会逐渐接近真相。

附上几份资料，也许你均看到过。其中《郁达夫赞赏吕碧城诗词》一篇中的改字，系孙逸忠未处理的手迹，寄给你，留个纪念吧！

愿你在郁达夫研究上不断取得新成果。

顺祝

教安！

诸天寅　奉上

2010.3.18 于北京

四　从《郁达夫全集》的文字审校看新文学典籍的校勘和考辨

时隔15年后，《郁达夫全集》全新面世。这部主要由浙江大学长年从事现代浙籍作家研究的学者承担编纂和审校的郁氏全集（以下简称“新版全集”），在对照校订浙江文艺出版社80年代整理出版的郁达夫各分类全集、1992年浙江文艺版《郁达夫全集》（以下简称“92版全集”）和80年代初花城、香港三联的《郁达夫文集》（以下简称“花城版文集”）后，发现上述各版本的文字整理并不完全一致，本着作家全集编纂更宜存留作家写作和作品出版的历史痕迹，恪守“严格尊重原刊，真实再现原貌”的原则，编纂人员在仔细研读可以查考的原刊后，对上述出

① 据诸老介绍，吴小如先生系将天逸《郁达夫与京剧》一文一起推荐给《中华戏曲》杂志。

版物中有别于原刊的“校正”，重新作了真伪判定，并在一定的学理框架内作了更合理的回调和复原。

新版全集编纂过程中考辨真伪的情形至为复杂，综合来看，大致缘于两类。

（一）语言的历时更新现象

语言，作为人类社会一种约定俗成的结果，其与社会发展同步的特质自古而然。尽管文学史概念上的“现代文学”发端距今，至多不过90年，相对传统中国文学使用的“文学语言”（即文言文）的古朴艰涩，对同样以白话文为文字载体的现代文学，今天的读者应该没有太多的阅读障碍。不过，将近一个世纪的时间距离，还是让许多当年的白话文字、语言，多少具有不同于今天的成分；而文学的独特审美价值之一，也正在于通过带有特定时代烙痕的语言，传递和显示特定的历史风貌。所以，现代文学也充满“陷阱”，也需要“考证”，似乎并不是一件让等“古”而下之的现当代学人羞于启齿的事情。

在新版全集的校订过程中，因时间流逝、语境变迁而导致今天的编者、读者集体混淆真伪的例子，在此前的版本甚至本次编校中都有出现，从而更让人确信“新文学考证”的必要。

首先，特定时代的话语表达是需要“回到现场”重新审视的。尤其一些社会习语、日常用语、流行词语，更多会被打上时代烙印。就像今天我们面对“三个代表”“PK”“百度”“××门”之类习语，大都可以心心相通而无须注释说明；但这些语词，不说远古，就是放在鲁迅、郁达夫时代，要让他们通词明意，恐怕还得费去不少口水。这个常识反过来也是一样。

郁达夫在《学生运动在中国》中，有这样一段文字：

> 中国的学生具有我们目下说的诸条件的近代学生，是从戊戌变政之后，废止科举，设立学堂以来，方才产生的一种社会成分。①

---

① 《达夫全集》第7卷《断残集》，北新书局1933年8月版，第54页。

这里作家用的是"戊戌变政"而不是我们今天固定用法的"戊戌政变"；但遗憾的是，92版全集植为"戊戌政变"[①]。看上去这像是一个郁达夫所谓的"手民之误"，但深究其缘由，又似乎并非排印错误那么简单。可以想见，错误的根源在于编校者没有意识到郁达夫此处用的正是"变政"而不是"政变"，从而主动为其"纠错"，将"变政"改为"政变"。此举显然是未经相应的语境还原和历时考察的结果，不了解当年"戊戌变政"即今之所谓"戊戌变法"，从而对"变政"这样不常见的语词搭配天然免疫。这里暴露的或许就是编纂者对语言时代特性认识的些许不足罢。

其实，当年"戊戌变政"之说非常普及，不仅康有为曾在变法前为光绪皇帝编写过《日本明治变政考》《俄大彼得变政考》《法国变政考》等书，梁启超在变法后著有《戊戌变政记》；钱穆亦在其《国史大纲》第八编"清代之部"第四十六章《除旧与开新》中为"戊戌变政"释义："戊戌变政，又称'百日变政'。这一个变政的生命，前后只有九十八天。四月庚戌召见工部主事康有为，命充总理各国事务衙门章京；至八月丁亥，皇太后复垂帘训政。""这一个变政之失败，第一原因，在于他们当时依靠皇帝为变政之总发动，而这个皇帝，便根本不可靠。"[②] 多处以"变政"放言。

可见"变政"正如今之"变法"，是当时描述这一政治事件的通行术语，我们断不能因为今天不常用，就善意地替郁达夫"与时俱进"。

类似的例子还有"耶苏之被引至高山"[③] 被硬改为"耶稣之被引至高山"[④]，"政治是左右社会一般的南针"[⑤] 也被强加成"政治是左右社会一般的指南针"[⑥]，等等。可然可不然的时候，我都更愿意保持它们最初的模样。

---

① 《郁达夫全集》第7卷，浙江文艺出版社1992年版，第55页。

② 钱穆：《钱宾四先生全集》第27卷《国史大纲》，台北联经出版事业公司1998年版，第1014页。

③ 郁达夫：《高楼小说》，载1936年5月1日《论语》第87期。

④ 《郁达夫全集》第7卷，浙江文艺出版社1992年版，第224页。

⑤ 郁达夫：《广州事情》，载1927年1月16日《洪水》第3卷第25期。

⑥ 《郁达夫全集》第7卷，浙江文艺出版社1992年版，第21页。

其次，语意本身的发展演变也值得特别注意。古汉语精粹洗练，作为最小表意单位的音节，在文言文里往往承载较独立的语意，或者说古汉语中，最小的表意单位是单音节字，而现代汉语则常常是双音节词。从而同样一个双音节词，古汉语与现代汉语表现得“同形异类”。比如说“地方千里”，“地方”一词在现代汉语中属一个表意单位，一般指某一区域，某一空间，或某一部分；而古汉语中，则最小表意单位的音节“地”和“方”分别表意，若“地”指某区域的话，“方”则为“方圆”，周围。这一语言现象——随着语言的发展，出现语言形式和语言内容的偏差，这样的差异是语言在语义凝固过程中出现的正常现象——在现当代文学中亦很常见。郁达夫作为新文学之初的文学先驱，其写作常常自觉不自觉地透露出对古汉语以最小音节表意这一功能和特质的认同和偏好，而这往往让更习惯于以双音节词解读语义的今天的读者感到困惑。

被郁达夫自己收入游记散文集《屐痕处处》中的《黄山札要》开头有一段：

> 则此后去黄山的机会更多了，迟早总打算去一次的，现在先把从各志书及游记上抄落来的黄山形势里程等条，暂事整理在此，好供日后登山时的参考。①

92版将“暂事整理在此”改为“暂时整理在此”②，显然是把“事”认作了“时”的别字，其实按常理，在当时不存在拼音排序、不存在电脑校排的情况下，出现这样的植字错误几乎是零可能的；所以，更主要的原因是因为，编者没有意识到“暂事整理在此”中暂、事二音节各有语义所表：“暂”有“暂时”“暂且”之意，而“事”则有“从事”“作”“进行”的意思，所以整句话的意思是“暂时作这样一个整理在这里”，而不是“暂时整理在这里”。改为“暂时整理”，语义的层次感显然被抹平了。

《学生运动在中国》中，还有一个较典型的例子：

① 郁达夫：《屐痕处处》，现代书局1934年6月20日初版，第183页。

② 《郁达夫全集》第3卷，浙江文艺出版社1992年版，第288页。

> 唯其是这样，所以学生为自身学业计，为将来出路计，他们的一团不得不结束得特别的牢，对压迫不得不反抗得分外的烈。[①]

在92版全集中，我们看到的是“为将来出路计，不得不结合得特别的牢”[②]。把“结束”改为“结合”，同样也源于不曾意识到语言表意功能的变化发展。“结束”在今天意为“发展或进行到最后阶段，不再继续”“到此为止”，若仅以此解，则自然跟后面的补语（“特别的牢”）搭不上，句子看起来就像有语病，似乎非改作“结合”不能文通句顺；但在上述引文中，“结”和“束”其实各表其意：“结”乃“结合”“结集”，“束”则有“约束”“束缚”之意，再联系最后的补语“特别的牢”，就容易获得答案了——他们正是这样结集、约束得特别坚固、特别结实的一团，而不是单纯“结合”得特别牢。

《说食色与欲》中也有类似例子：

> 至于色字，我想无论怎样的精力家，最多十个女人也就可以对付了罢，经历过十个女人之后，就是西施太真，再也挑不起性欲来了，所以原始的基本欲望，是容易发付的；最难对付的，却是……[③]

92版曾将“是容易发付的”，想当然地改成了“是容易对付的”[④]。乍一看似乎更通顺，仔细想却有点强奸人意。“发付”用在这里，我以为基本上也是两个单音节语符“发”和“付”在句中各司其职，合在一起，用以表达人的基本欲望“容易发泄、容易满足、容易应付”这样几层意思，可见“发付”在语义上要比单纯的“对付”丰富、细腻、准确得多，在音韵上也可以避免前后几个“对付”的简单重复，更况从物理上讲，主体对自身的欲望，更宜“宣泄”（自内而外）而不是“对付”（自己拧

① 《达夫全集》第7卷《断残集》，北新书局1933年8月版，第56页。

② 《郁达夫全集》第7卷，浙江文艺出版社1992年版，第56页。

③ 《达夫全集》第7卷《断残集》，北新书局1933年8月版，第117—118页。

④ 《郁达夫全集》第7卷，浙江文艺出版社1992年版，第74页。

巴自己）呢？所以尽管这个词不常规，我也不愿将它像 92 版全集那样当错别字改“正”掉。

（二）文字的地域空间元素

除了明显的时间烙痕，语言的地域空间色彩和地理文化意味也是重要的编校依据。

新文学、新文化运动之初，绝大多数从事文学革命和思想革命的知识分子来自长江流域及其以南——那个方言密布的地理空间。尽管现在，以北京方言为基础的普通话写作已经将文学语言尽可能标准化、规范化了，但遥想当年，作家们风格各异的背后，或许正是五花八门的方言土语使然：鲁迅的绍兴官话，郁达夫的“杭音”……一个极端的例子，浙大学者江弱水盛赞胡兰成语言的古雅别致，想必这还是其判定胡文人“其人可废，其文不可废”的一个重要筹码；但我可以断定的是，作为对浙东嵊州有所不知的徽籍学者，江弱水可能很难想象胡兰成《今生今世》中的“文学语言”却是不折不扣的嵊州土语，甚至许多无法以普通话翻译的乡间俗语——我相信绝大部分读者对这些方言土语有误读甚或直接读不懂的地方，江弱水概莫能外。尽管学术判断需先有“知”，但江弱水的为胡兰成唱多，亦必有其因，我们不得不承认，一方面地方方言的确保留了古汉语的诸多表达，从而读起来古风悠扬；另一方面，对于远离嵊州、远离这一特定语言空间的人们而言，这种可以用越剧唱出来的语言，无疑具有一种因陌生、因距离而产生的模糊的、神秘的美。那么如何发现这种美，保留这种美，或许也是全集编纂的一项重要使命罢。

郁氏语言较多江南风格是一个众所周知的秘密，绵软，琐碎，率真，感性，颇得浙西吴语的真髓。而在很多地方，作家会在不经意间流露方言土语的韵味，甚至直接以方言、口语入文——不小心你还读不出所以然来。郁达夫《承前启后的现代儿童》一文中有：

你们还应该将这些畜生强盗的行为告诉你们的后一代，好永永教不忘记日本军阀——也叫做倭寇——是我们的世仇。[①]

可能你也很愿意将“永永”改为“永远”，像 92 版全集那样[②]。但“永远教不忘记”的表述似乎既不符合语法常规，也无丝毫文学之美，只能是典型的对方言的误读。唯一合适的做法还是回到“永永教”，无论如何，那毕竟是一种符合江浙吴语形态的表述，也是作家可能写下的一种充分口语化、孩童化的文字——要知道，这篇短文是写给战乱岁月里过儿童节的孩子们的——尽管话题足够沉重。

郁达夫并不刻意流传江南的韵味，比如文末的“罢”和“吓”。这两者都是语气助词，92 版全集均改为现在通行的“吧”和“呀”。当然这更规范，也并不特别影响阅读，但我们认为两者还是有细微的语气上的区别，一个“吓”（念 ha）字，方言的亲切和随性就落在纸上了，写作“呀”，好像矫情不少；“罢”则不仅有语末助词的意味，还有些许“罢了”“就这样吧”的无奈。更况郁达夫本人在文中既有“罢”“吓”，也有“吧”“呀”，可见作家本来就是区别使用的。

一些从繁体字转简化字过程中产生的一刀切处理，也会造成对语词于行文风格，尤其地域风格的微妙意义的消解。比如 92 版全集将原作中所有“喫”字都简化成“吃”，尽管现代汉语的确已经把“喫”简化为“吃”，但从繁体字“喫”的形声规律，它更可以读作 qie 而不是 chi。所以，读“qie”的“喫”，保留的是江南方言的语言习惯和时代风貌，尤其作为人物语言的时候，更是不可替代。

语言的地域空间色彩不容置疑。郁达夫语言的江南地域风格通过其方言土语的使用而显而易见。但郁达夫同时又是一位行吟诗人，一位现代游子，足迹遍布大半个故国甚至东南亚。其文字蕴含着的地域文化意味亦期待着人们的慎重品鉴。在新版全集编纂中，我们就遭遇了这样几处因对作家描述的特殊地理知识缺乏深入了解而错改郁文的情形。

到福州不久，郁达夫作《高楼小说》，其中《说交通之与人情风俗》

① 郁达夫：《承前启后的现代儿童》，载 1938 年 4 月 4 日《武汉日报·儿童节纪念特刊》。
② 《郁达夫全集》第 7 卷，浙江文艺出版社 1992 年版，第 322 页。

中有一段述及福州地理：

> 即在福州一隅来说，西北障着仙霞杉岭，东南濒着大海，交通自古就不大便当的。因此弄得人情固执，社会守旧，封建时代的遗习，还到处可以看得出来。[①]

这里所说的仙霞杉岭，在新版全集第一次印刷中，竟至被改为“仙霞山岭”[②]，问题就出在对福建地理的不了解。查《中国地理大百科》：

> 福建的山地主要可分为闽西及闽东两大山系。闽西山系指斜贯福建、江西省界的武夷山脉，北接浙江境内的仙霞岭，南连广东境内的九连山，在福建境内长约530公里……南段又称杉岭。[③]

可见仙霞岭、杉岭同是武夷山脉的组成部分，斜卧福建西北，故被认为是“福州一隅”的西北屏障，所以，只知仙霞岭其一，不知杉岭其二者，才会作“仙霞山岭”这样让作家于心不忍的“校正”。若真要让读者明白，将原文改排作“仙霞、杉岭”会是一大善事，因为在郁达夫那个年代，顿号倒是经常用得不正常。这一重大错误，只能留待新版全集重印时再痛改前非了。

应林语堂所倡之“幽默”而作的《残年急景》中，有一篇录自《无稽谰语》的《月夜听诗》，讲述一个落第临安少年怅然南归，资斧乏绝，路至维扬，“偷”得一侍郎公用以选婿的诗韵，依韵属和，乃以其构极佳，获“朱提半百”，欣然“买棹以归”的故事。而被“偷”之人乃一“翩翩少年”，为和诗而求一髯者“捉刀”，那个月夜，髯者为少年“吟咏”了一首“推敲半月”“如有神助”的“诗”，虽与打油诗无异，但却令无知少年兴奋无比：

---

① 郁达夫：《高楼小说》，载1936年4月1日《论语》第85期。

② 《郁达夫全集》第8卷，浙江大学出版社2007年11月版，第215页。

③ 《中国地理大百科》卷9《浙江·福建》，台北光复书局1997年版，第102页。

少年顿足拊掌，乐不可支，叹曰：“岂弟瓜步州边，一时无两？当今天下，锦绣才人，尽搁笔拜下风矣。”①

这里少年叹语中之“瓜步”，在92版全集中被改为“孤步”②，似可视作“古今独步”之“独步”解：兄弟我岂不是独步扬州一带，一时无人可比？就是当今天下才学非凡之人，也都只能搁笔不作，对我甘拜下风了——语意上勉强可以将就；但如此径改，除非能断定原作“瓜步”确不可解，方宜。

事实上，“瓜步”并非植字有误；相反，将“瓜步”改作“孤步”不过是编者对“瓜步”有所不知而已。瓜步是一个小镇，以瓜步山得名，位于江苏六合东南，明清时直隶扬州府，南临大江，去文中临安少年滞留之地维扬（扬州）不远。王安石有诗《入瓜步望扬州》，郁达夫在《扬州旧梦寄语堂》中亦有：“那时候的计划，本想从上海出发，先在苏州下车，然后去无锡，游太湖，过常州，达镇江，渡瓜步，再到扬州去的。”③所以，这里“瓜步州边”指的就是扬州瓜步这一小块地方——少年所言当是：“兄弟我岂非不仅在扬州瓜步一带一时无人可比，就是当今天下锦心绣口的才人，也都只能搁笔不作，对我甘拜下风了！”——这样的解释自然天成，我找不到可以“孤步”取而代之的理由。

可以看出，全集审校并非一桩轻而易举的机械操作，与年代久远而需费力考证的古代典籍一样，距今近一个世纪的现代文学也存在被时间和空间无情掩埋的许多真相。全集编纂者要做的，就是凭借坐冷板凳的耐力和明辨真伪的判断，撩开覆盖其上的层层风沙，将最原始、本真的作家文本还原纸上。

［原载《海南师范大学学报》（社会科学版）2009年第3期］

① 郁达夫：《残年急景》，载1935年2月1日《论语》第58期。
② 《郁达夫全集》第7卷，浙江文艺出版社1992年版，第176页。
③ 《郁达夫全集》第4卷，浙江大学出版社2007年版，第179页。

五 《郁达夫全集》校订札记

浙江大学出版社2007年底出版发行的《郁达夫全集》(以下简称“浙大版全集”),由浙江大学中国现当代文学与文化研究所联合富阳郁氏后人及郁达夫研究会共同编纂完成,相对于此前较权威的郁氏全集——浙江文艺出版社1992年版《郁达夫全集》(以下简称“92版全集”),各卷都有为数不少的佚作增补、篇目调整和文字审校。

(一)佚作增补

作为中国五四文坛上一位“文学影响仅次于鲁迅”的作家,郁达夫是以其不同凡响的小说、散文写作赢得这一美誉的。在浙大版全集里,《小说》卷增加了由郁氏后人提供的郁达夫早年小说试作《两夜集》和《圆明园的一夜》,两部小说的写作时间都在《沉沦》之前,其中《圆明园的一夜》以日文写就,当时准备发表在郁达夫与四位日本同学合作筹办的日文杂志《寂光》上①。两部小说都透露出日后郁达夫小说创作的诸多信息。

《散文》卷新增篇目有《新建叙伦堂记》《上海的茶楼》和《看京戏的回忆》三篇。《新建叙伦堂记》由富阳夏家鼐老先生在查修《富春惠爱孙氏宗谱》时发现,经考证核实,撰文发表于2002年11月20日《浙江日报》。“叙伦堂”为郁达夫原配夫人孙荃娘家孙氏宗祠里的一所厅堂,“中华民国十四年岁次乙丑仲冬月”落成,郁达夫所撰《叙伦堂记》即收于《富春惠爱孙氏宗谱》。《上海的茶楼》和《看京戏的回忆》二文都是作家对大都会富足恬淡的市民生活的记录和回忆,前者由陈子善先生核实于1935年12月的上海《良友》杂志;后者早在80年代即由诸天寅和孙逸忠二位从1941年5月31日的《南洋商报》“平社成立大会特刊”上

① 参见拙作《“圆明园情结”与郁达夫创作》,《名作欣赏》2007年第7期。

发现（同期发表的还有郁达夫撰写的《发刊词》）[①]，遗憾的是迟至今日才收入全集。

作为一位以真率坦诚的创作个性直面世界的作家，郁达夫的日记和书信在其全部文字中地位特殊，不仅是学界研究郁氏人生经历、文学思想、创作理念的重要依据，或许更是世人对这样一位颇具传奇色彩的作家最感兴味的内容。人们对这两卷最具私密色彩的文字的期待可想而知。

因此，浙大版全集《日记》《书信》两卷，特别请来郁峻峰和陈其强担纲主编。浙师大教授陈其强曾于80年代末编写《郁达夫年谱》，那无疑是当时最翔实可靠的一部郁氏年谱；而郁峻峰既为郁氏长孙，又是郁达夫研究会的常务副会长，是如今郁氏后人中从事郁达夫研究卓有成效的一位。他们当然是编选这两卷郁文的最佳人选。

尽管浙大版全集《日记》卷所选作家日记未能突破郁达夫长子郁天民（已故郁达夫研究家于听）编定的篇目底线，基本沿用92版全集“日记卷”的内容；但《书信》卷的篇目增补数量在浙大版全集中是最多的，计有13篇之多。其中包括20世纪90年代以后陆续考证发现的信函8通，分别是由陈梦熊先生于《文教资料》1999年第6期撰文考证的作家1928年9月间写给邵洵美的《致邵洵美》，郭惠芬女士于2007年第2期《新文学史料》披露的作家于1929年4月5日写给马华作家张曼华的《致张曼华》，沈平子先生于2000年10月18日的《中华读书报》公布的作家于1936年3月23日写给王映霞并发表于4月6日天津《庸报》的《闽海双鱼》，陈子善先生于1995年9月2日《文汇读书周报》发现的作家于1938年4月19日到27日写给王映霞的合题《战地归鸿》的三通书信，由陈梦熊先生提供线索首次查实收入全集的1939年5月8日作家写给编辑夏莱蒂，并于5月26日发表于上海《申报》的《南洋来的消息》和陈梦熊先生新近考证提供的作家发表于1939年12月28日上海《大美报》的《南海短简》（受信人待考证）等。

当然更引人关注的，是首次补全或新收录全集的郁达夫早年写给原配孙荃夫人的5通书信，分别作于1917年8月10—11日、1917年10月

---

① 参见吴小如《郁达夫论京剧佚文二篇的笺注和跋》，《中华戏曲》1986年第2辑。

10日、1918年3月28日、1920年10月12日和1922年2月24日，并均据由郁氏后人提供的作家手稿排印增补。原稿手迹保存完好，今天看来依然墨色如新，让人感慨郁氏后人于烈士作家和先辈的厚重情怀。其中1917年8月10—11日郁达夫写给孙荃的一封长信《云里一鳞》，由作家整整齐齐地誊抄在富阳特产玄书纸上，并装订成册，标题书于封面，俨然是与新订婚的妻子探讨为人处世、读书作诗的小百科，甚或是这对夫唱妇随、志同道合的年轻人爱的基石和宣言。92版全集中，这通书信曾根据于听《郁达夫风雨说》披露过部分内容，佳评如潮的同时，多少让人心生遗憾，连当时的全集编纂者都“为把这么一封重要信函以如此支离破碎的面目呈献给读者而深感歉意”[①]。如今，全书得以完整问世，应该是郁达夫研究界一桩值得庆幸的事情。同样值得重视的还有1922年写给孙荃的家书。这通以“兰坡，我所最爱的兰坡”开头的家书文辞之热烈、情感之奔涌、心绪之柔软，读来让人荡气回肠，在已披露的致孙荃家书中甚为罕见。这个时候的郁达夫将从东京帝大经济学科毕业，结束为期十年的留学生涯，此书即作于赶赴东京参加毕业考试的途中，其于妻子的愧疚之情、思念之意、安抚之心，表达得真挚而又急切。自此以后，“学有所成”的郁达夫将直面生计之迫，早年性的苦闷、情的苦闷的文学主题开始过渡到生的苦闷甚至生的苦难；而辗转于上海、安庆、北京、广州、杭州、福州、武汉，甚或新加坡、印尼的处处屐痕，更将真实刻写一位乱世文人永不消歇、永无终点的漂泊：这一通家书或许是站在一世漂泊之起点的柔弱文人对爱人对家庭的深情告白罢。

当然，作为私人信函和日记，我们不能过于苛求郁氏后人的无私奉献；而散落民间的佚作，则颇有继续考证发掘的空间。浙大版全集在这方面的努力仅仅是起了一个始。

浙大版全集中，《杂文》卷的佚文增补留下了一个大缺憾。两卷杂文共收佚文5篇，但据陈梦熊先生提供的线索，从1938年7月4日《大英夜报·星火》查到的《战事的文艺作家》（疑为“战时的文艺作家”之误，原刊如此）一文，其实在92版《全集》中已收入《文论》卷，题为

① 见《郁达夫全集》第11卷“编者注”，浙江文艺出版社1992年版，第13页。

《战时的文艺作家》，其发表出处是1938年5月10日汉口《自由中国》杂志，新版《全集》文论卷亦以原样呈现。所以，这是一个让人遗憾之至的重收。

新发现的另外4篇佚文分别是收入《杂文》上卷的《假使做了亡国奴的话》《倭寇的穷技》和《大家振作起来》三篇，和收入下卷的《“平社”成立大会特刊·发刊词》。其中《倭寇的穷技》和《大家振作起来》两篇，是陈松溪先生于《关于郁达夫的两篇抗战佚文》（《新文学史料》2005年第4期）一文记录的考证结果，分别发表于1937年10月26日和11月22日《福建民报·抗敌周刊》，加之其后陈松溪先生提供的另一篇更早问世的《假使做了亡国奴的话》（1937年10月11日《福建民报·抗敌周刊》），这三篇杂文基本都是抗战初期作家写下的抗日题材的政论性杂文，或以亡国之忧唤醒世人的觉醒；或以倭寇散布传单、杂报，揭穿倭寇“用武不行，转想来用文”的途穷日暮；或号召大家振作起来，勇做爱国男儿，既对抗战的最后胜利表示坚定的信念，更显示了作家一贯的鲜明高亢的抗日立场。《“平社”成立大会特刊·发刊词》则与《看京戏的回忆》同期发表，此文托名平社社长林庆年，实由身为平社理事的郁达夫代笔。平社1940年成立，是其时新加坡唯一研究京剧的艺术团体，曾举行大规模公演筹款支援中国抗日战争。在郁达夫执笔的《发刊词》中，面对“敌国兴戈”，则“原为陶情”的平社，发出的是“天下兴亡，既偿尽匹夫之天责”的声音，这篇200余字的短文把平社同人的这一共识表达得淡定而决绝。

《诗词》卷的佚文整理由诗人远村担任。这是一项繁重而艰巨的任务。最为世人好评的郁达夫诗词，当然也受到海内外诗词爱好者的热切追捧和关注。一直以来，人们对诗人诗词佚作的发掘、搜集、整理、甄别的兴趣，通过许多途径传达出来，包括提供大量诗词佚作的线索。此次浙大版全集《诗词》卷的佚文收集，编者远村本着“宁缺勿误”的原则，对相关线索严格筛选，小心求证，甚至托请日本、中国香港、新加坡以及内地诸多友人，请他们直接提供相关求证资料，但终因时间紧迫和当事人意愿不明等种种原因，而未能落实；最终被核实并确定新收入浙大版全集的只是陈松溪先生在《新文学史料》2006年第5期发表的

《郁达夫四首佚诗的发现》中的两首：《癸酉夏居杭十日，梅雨连朝》和《寄题龙文兄幼墓碣》，陈文中其余二首，亦由于来源不明、线索中断或文质诗风等诸因素，而被认为有待进一步查实。

（二）篇目调整

浙大版全集的篇目有所调整。郁达夫写作不拘文体，正如其为人不拘小节，这对不免严谨刻板的全集编纂来说，不啻是一个巨大的挑战——为郁达夫不拘一格的创作分门别类的工作，八九十年代浙江文艺出版社负责全集编选的先辈同仁们已经做了相当的工作，但浙大版全集仍需面对少量依据文类所属重新归类所选文本，和尽可能严格地按照写作或发表时间排序文本的工作。

读者可能已经发现，与92版全集小说、散文、文论、杂文、诗词、译文、书信、日记这一卷次排序相比，浙大版全集的卷次排列有较大变化，分别是小说、散文、游记自传、日记、书信、诗词、杂文、文论、译文。这里最引人瞩目的可能就是将日记、书信两卷提至小说、散文之后，诗词、杂文、文论、译文之前。日记书信在作家全集编选中一向是比较边缘的，不仅92版全集毫无悬念地位居老末，《鲁迅全集》的七卷书信日记也只在全集索引、年表卷之前。我们这样调整的目的，自然是出于对郁氏创作特征的一个考虑——毫无疑问，郁达夫日记书信的文学质地直逼其小说散文，更无愧于大散文的文学属性；紧随其后的《诗词》卷所收诗词亦是作家心声的真实流露。所以浙大版全集的卷次排列在遵循文体惯性的同时，更遵循的是郁氏创作体现出来的文学性和原创性。今天看来，这一调整是颇得读者认同的。

以单卷次的篇目更动而言，变动最大的是《散文》卷。其中既有被抽出去的篇目，也有被“请”进来的内容。我们从小说卷请回了《还乡记》《还乡后记》，还它们被学界更多认可的“散文”身份。这可能是一件让人尴尬的事情。因为郁达夫作品尤其是小说和散文的界限模糊、难以分类，始终是一个让人棘手挠头的问题——小说是“自叙传”，所叙人物、事件真假莫辨，语言、结构亦多“散文化”或“去小说化”；而其散文的戏剧性场景描写和人物虚拟却直似小说，两大文类间的互文现象不仅体现在内容上，或许文体亦“互文”得让人莫衷一是。

我们认为，全集所收“散文”宜以写人记事、写景抒情为主，即为较纯粹意义上的现代散文，或曰狭义的“美文”；如果采取广义散文的概念，则书信日记游记杂文之类无一不是“散文”，这在全集编纂中或许就失去了意义。故浙大版全集《散文》卷首先将全部以游踪为线索的郁达夫游记散文从92版全集散文卷中分离出来，单独与自传合成《游记自传》一卷。郁氏游记散文不仅写作年代相对比较集中，所反映的作家心绪和时代主题含蓄深沉，而且在写作上，巧妙地融游记、诗和政论于一体，可谓风格独特，单独成卷或许也是对郁达夫游记散文非凡价值的一个肯定；同时，本着郁达夫散文文字清丽、内容多纪实抒情的特点，将更接近随笔、政论的几篇文字，转至《杂文》卷。

从92版全集我们可以获知，不像鲁迅杂文总给人一个较为明确的写作共性和可以由此确定的筛选范围，收入郁达夫杂文集中的“杂文”是名副其实的“杂”文：政论、随笔、启事、声明、演讲、题词、稿约、编辑杂谈等，但凡不能归入小说散文、日记书信、诗词文论、游记译文类的，都收于《杂文》卷。所以被从纯粹美文角度筛选下来的几篇“不太纯粹”的文字——《娱霞杂载》《瑹霞道情》《图书的惨劫》等——被我们挪到了《杂文》卷里，按时间先后分别插入《杂文》上、下两卷。

《文论》卷收录的是郁达夫大量的对于文学的理论见解和批评评议文字。与92版全集相比，佚作线索不多，篇目整理也少，较大的变动是抽下了一篇误入全集的伪作《毁灭》。不过遗憾的是，未能将1939年郁达夫抵新不久，与新马文坛文学青年发生争论的四篇附录文字撤去，作为郁氏全集，这样的背景介绍材料在这一事件已较为明确的今天当并不紧要。

《译文》卷也是佚作零区域，唯一的变化是目录中增加了原作者的国籍，虽然仍有一位作者李良·克来格迄今未能明确其国别所属，但这样编目，一是足以窥见作家文学翻译的全球化视野，二是希望留下的空白，能得到更多学者的考证。

此外，一些文本的写作时间在浙大版全集里也有重新认证，从而目次有所调整，内容读来更加合理，不致传讹。较明显地在《书信》卷中，大致有3通书信时间有变动。编入92版全集书信卷“头一函”的写给祖母的《致奶奶》，因原书附于某家书中，故无时间落款，而据信中所述事件，则该卷主编郁峻峰认定应作于1916年而不是1914年；郁达夫向蔡孑民索“迷羊”题字等事宜的《致蔡元培》，据陈子善考证，时间应在1932年11月14日，而不是1927年[①]；另有一通是初识王映霞时写给这位“江南第一美女”的，落款“3月12日晚”[②]，但记录的是白天“走了一天”“总算把你的误解，消除了一部分”的庆幸、“怕你离开我以后，又要想起心事来，又要疑我的人格”的隐忧和“可是你的信还没有写”的牵挂，显然与“3月12日午后8时”（注意“午后8时”应是晚上8点）信中“明天若是天气好，我打算一早就到坤范来看你”[③]的预告，和《新生日记》3月13日记录与王映霞“谈了许多衷曲，她总算是被我说服了”和“晚上回来，精神很好……又写了四封信，一给映霞”[④]的说法更能契合，故此信当写于3月13日晚。书信落款时间的错讹，或许是其时诗人心跳加速、神思慌乱的一个旁证吧。

第三种类型的篇目调整也体现在《书信》卷上：主要是部分书信恢复采取作家本人在信件写作或发表之时拟定的标题，包括由报刊编辑编定的标题。这样做的目的，一是出于通常的书信目次“致×××”的格式一向过于统一单调，没有个性，不足以体现郁氏写作浪漫飘逸的诗性品格——书信当更不例外；二是事实上郁达夫本人正为我们提供了一些颇富诗意的标题，一味藏于题记不免可惜，像《云里一鳞》《闽海双鱼》《来鸿去雁》《战地归鸿》等，将它们亮相于新全集，多少还一些郁氏书信诗的本来。

（三）文字审校

浙大版全集的文字审校是留给全集编纂者的一项繁重任务。92版全集以浙江文艺出版社80年代初开始整理出版的郁达夫小说、散文、游

---

① 参见陈子善《从郁达夫致蔡元培的佚简说起》，载1988年1月香港《明报月刊》第265期。

② 《郁达夫全集》第11卷，浙江文艺出版社1992年版，第91页。

③ 同上书，第90页。

④ 《郁达夫全集》第12卷，浙江文艺出版社1992年版，第136页。

记、文论、诗词等各分类全集为基础。当时分类全集的重要整理者，杭州大学中文系沈绍镛教授这样回忆：校对无数次以后，他们还要把文章倒过来一个个字核对，以确保没有漏网之鱼，所以这一版本与原文的接近程度想必应该是最高的。92 版全集由郁达夫之子郁飞加盟，在文字审校方面也做了我们今天难以想象的大量工作。

所以浙大版全集基本是以 92 版全集和 80 年代陆续出版的分类全集为校排依据，尤其因为时间的制约，核对那些一时难以查考的各地报纸尤其南洋报刊成为一种不可能时，更大量假借上述两家的审校成果。当然，能够查考的当年出版的郁达夫各作品集、杂志和报刊，我们还是尽可能搜集浙图古籍部里的校本，仔细地予以核对和审校。就笔者前期参与的《小说》（上、下）、《散文》《游记自传》《日记》《书信》《译文》七卷全集的审校而言，基本经过按 80 年代分类全集校对、按 92 版全集校对和按能查考的原刊校对三个环节；《杂文》（上）卷也在年后重印前做了重新校对，修正首印时未校出的重大编校错误逾百。

在按原刊校对的过程中，还是发现 80 年代分类全集和 92 版全集与原刊有不少出入。考虑到编纂作家全集更多是为存留作家写作和作品出版的历史痕迹，故本着“严格尊重原刊，真实再现原貌”的原则，我们对其中有别于原刊的地方，重新作了真伪判定，在不影响语意的前提下，尽量作了回调和复原。大概是这么几类。

一是恢复原刊上被“标准”化了的同义字或异体字。较明显的比如“罢”和“吓”。这两者都是语气助词，92 版全集均改为现在通行的“吧”和“呀”。当然这更规范，也并不特别影响阅读，但我们认为两者还是有细微的语气上的区别，尤其郁氏语言较多江南方言风格，一个“吓”（念 ha）字，方言的亲切和随性就落在纸上了，写作“呀”，好像矫情不少；“罢”则不仅有语末助词的意味，还有些许“罢了”“就这样吧”的无奈。更况郁达夫本人在文中既有“罢”“吓”，也有“吧”“呀”，可见作家本来就是区别使用的。

另外像“拚”和“拼”，“覆”和“复”，“阴”和“荫”，“曚”“蒙”和“朦”“濛”，“弔”和“吊”，“化”和“花”，“屈伏”和“屈服”……尽管后者今天看来更规范，但为留历史痕迹起见，浙大版全集尽可能保留了作家更常使用的前者。

二是恢复一些被误读的甚或曲解原意的改动。游记散文《黄山札要》开头有一段。

> 则此后去黄山的机会更多了，迟早总打算去一次的，现在先把从各志书及游记上抄落来的黄山形势里程等条，暂事整理在此，好供日后登山时的参考。[①]

92 版将“暂事整理在此”改为“暂时整理在此”[②]，显然是把“事”认作了“时”的别字。其实仔细想来，二者实有不同。“暂事整理在此”中暂、事二字各有所表，“暂”已有“暂时”“暂且”之意，而“事”则有“从事”“作”“进行”的意思，是句中动词，“整理”则为名词，所以这句话的意思是“暂时作这样一个整理在这里”，而不是“暂时整理在这里”——《黄山札要》全文正是这一“整理”的结果，而不是“整理”的过程。

这样的修复还有不少，比如《高楼小说》中“从前孔子说的‘三人行，必有我师’之意”[③]，改回“从知孔子说的，‘三人行，必有我师’之意”[④]；《娱霞杂载》中，“而竟能关怀到寒窗织女的苦衷”[⑤] 改回“而竟能关怀到寒窗织女的苦”[⑥]；《学生运动在中国》中，“为将来出路计，不得不结合得特别的牢”[⑦]，校正回“为将来出路计，他们的一团不得不结束得特别的牢”[⑧] 等，不再一一录下；然个中差异，颇值玩味。

三是修正了一些从繁体字转简化字过程中产生的一刀切的处理。这样的简单化处理往往顾不上语词于行文风格的微妙意义，也否定了文学

---

① 郁达夫：《展痕处处》，现代书局 1934 年 6 月 20 日初版，第 183 页。
② 《郁达夫全集》第 3 卷，浙江文艺出版社 1992 年版，第 288 页。
③ 《郁达夫全集》第 7 卷，浙江文艺出版社 1992 年版，第 224 页。
④ 郁达夫：《高楼小说》，载 1936 年 5 月 1 日《论语》第 87 期。
⑤ 《郁达夫全集》第 4 卷，浙江文艺出版社 1992 年版，第 57 页。
⑥ 郁达夫：《闲书》，上海良友图书印刷公司 1936 年 5 月版，第 173 页。
⑦ 《郁达夫全集》第 7 卷，浙江文艺出版社 1992 年版，第 56 页。
⑧ 《达夫全集》第 7 卷《断残集》，北新书局 1933 年 8 月版，第 56 页。

通过带有特定时代烙痕的语言显示特定历史风貌的独特审美价值。比如92版全集将原作中所有“喫”字都简化成“吃”，尽管现代汉语的确已经把“喫”简化成“吃”，但从繁体字“喫”的形声规律，它更可以读作qie而不是chi。所以，读“qie”的“喫”，保留的是江南方言的语言习惯和时代风格，尤其作为人物语言的时候，更是不可替代。

全文审校方面值得一提的还有内容注释上的变动。浙大版全集因为受制于“浙江文献集成”只收文献不作注释的大框架，各卷都比较自觉地删除了一些可有可无的注释，只保留题注作必要说明。唯一的例外就是《诗词》卷。该卷主编黄杰博士坚持严谨的字词梳理和音律考辨，并对92版全集中的诗词注释“径改25处”。这一内容将由编者另撰文作记，在此不表。

附　录

一　郁达夫可作当代人镜子

——《苏州晚报访谈》

"读万卷书，行万里路"是人生境界之一

晚报会客厅：李老师好！在谈郁达夫之前，想先请你谈谈你与先生及孩子沿京杭大运河自行车旅游的感受。你们一家都是运动爱好者，大暑的天气，也敢骑自行车作长途的旅行。在我的印象中，骑着自行车跨省到苏州，走进我们苏州图书馆的名家大讲堂和我们晚报会客厅的，你是第一人。

李杭春（下文简称李）：能是这样的"第一"，真是非常荣幸。一路骑来天气还是挺照顾的，因为今年雨水比较多。感觉到炎热是过了长江以后。苏州的天气有点像杭州了，走在街上，火烧一样。所以今天图书馆能来这么多听众，我挺感动的。

全家出动骑单车长途旅行，今年是第二次。"读万卷书，行万里路"是人生境界之一。所以，当小家伙爱上骑单车旅行，我们老两口当然倾力支持，而且在他未成年之前，我们的任务就是舍命陪儿子。这回全程陪同的是我家先生，我很多路段都坐大巴，骑行不到二分之一。像现在父子俩已经在去嘉兴的路上，我一会儿就得坐车前往。前年环太湖骑行，我们也到过苏州，对这个城市印象特别好。太多的名胜古迹，太多的历史风韵，太多的城市标签。这也是我们此次“单车中国行”的一个动力。

骑行是一种运动，更是一种慢生活的态度。现代人生活节奏加快，恨不得用速度衡量一切。快速和高效尽管是现代生活的一种必需，但也是制造不可逆转的环境、资源恶化和伦常、秩序破坏的一个祸首。让生活慢下来，让发展慢下来，未必都是坏事。

我们这次沿运河一路南下，历时整整四个星期，行程应该有将近2000公里，投宿的城市多达20个。这些城市有大有小，有新有老。一想到许多地方可能此生不一定还能专门前往，所以一路上的感觉就是看不够，待不够。用车轮丈量过来，才有一种脚踏实地的感觉，一种慢慢渗透和融入的感觉。不过，我们还不能算最实诚的，在扬州听说一位牛人，从山东徒步走来，还说要用10年时间走遍全中国！

平时，我们家人也都以单车代步。在单位同事和身边朋友圈子里，我们可能是为数不多的不买私家车的家庭之一。没办法，谁让我们都是环保主义者，不想给脆弱的生态系统增加一点麻烦。

此次单车旅行，小家伙专门设计了一个关于城市交通状况的问卷，在每个所经城市开展马路调查。虽然比较简单，但也是他此行的目的之一：寻访“单车上的中国”。

晚报会客厅：知道你先在北京作过郁达夫的讲座，能讲讲北京行的心得吗？北京与89年前郁达夫去时的样子当然是天壤之别了。人们都爱谈变化，倒是想听听你这位学者，参照郁达夫笔墨心境，谈谈北京不变的地方，这古都的夏味和秋味。

李：最初一场讲座是今年年后在中国现代文学馆作的。去文学馆开讲的都是有地位有声望的名人，我纯属误打误撞，让文学馆的吴义勤馆长费了许多心。因为抵京的时节与郁达夫当年比较一致，那一次确曾专门探访了郁达夫留在北京的足迹。当年郁达夫住在阜成门内巡捕厅胡同，离鲁迅借住的砖塔胡同和后来定居的西三条故居都很近；后来搬去什刹海北岸，亦保持了与鲁迅的亲密交往。今天，阜成门（即“平则门”）的城墙早已拆除，据北京一位听友介绍，“平则门”石碑或落在东便门附近的明城墙遗址公园内。好在地标建筑阜成门还以地铁站的方式方便人们想象和探访。郁达夫笔下垂杨夹道、绿芜连片的护城河道亦早已填平，取而代之的是一条车流滚滚的宽阔马路。最是什刹海西街那个郁达夫描述过的荷花市场，现在还挂着灿烂的招牌，岸边尽是酒吧、饭馆，灯红酒绿，人流如织，热闹非凡。想如果当年什刹海也是这般热闹喧嚣，郁达夫怕不至于为生计所迫，一次次远走他乡。他只消在北岸那个渺小的租处开个渺小的酒吧，既解酒瘾，又交朋友，另带作些弥漫着烟火气息的文字，想想就够多么自在！

北京的质地不在天气，从气候上讲我不觉得北京是一座宜居的城市。它现在容量这么大，其实是反自然的。敏感于故都之秋和四季之美的郁达夫也并不单单是个气象爱好者或者自然爱好者。北京吸引人的地方在它的包罗万象、雍容华贵，它是一座经典意义上的“城”，被“墙”四面围合，显得沉稳大气、方圆有序、兼容并包而又各不逾矩，任谁都可以在这里找到自己的容身之地。今天也是同样。所以，它对包括知识分子在内的三教九流具有很强的凝聚力、亲和力，能最大限度地让他们获得认同感和归属感。郁达夫与北京的亲近，我觉得亦同此理。如果要说不变，这正是这座城市不变的地方，让人“记忆里开花”的地方。这是一座城市的自信所在，脉络所在，灵魂所在。郁达夫赞赏的就是这样的一种城市品格、皇城气象。

苏州园林和巷陌总给人似曾相识的感觉

晚报会客厅：听你讲北京，寥寥数语，比读一本书的收获也少不了多少。你这次到苏州讲课，来不及实地踏勘郁达夫到过的地方了吧？那么请谈谈你自己的研究心得吧。民国年间的苏州，给郁达夫是一个什么样子的感觉？

李：这次的确比较匆忙，昨天骑车进苏州城，已经晚上九点来钟了。其实以前来过苏州，虽然时间不长，但印象深刻。而且，因为比较巧夺天工，苏州园林和巷陌总给人似曾相识的感觉。这是天下苏、杭之区别。郁达夫对苏州的印象，在《苏州烟雨记》里描述得比较充分，苏州可以让人远离都市“沉浊的空气”，近距离感受古都“悠悠的态度”和“风雅的趣味”，当然也有“颓唐的情调”和商人身上“金钱的臭味”。这是郁达夫的苏州印象，也是民国世界的一个写照。一个古老的传统的国度，走在近代化、工业化的道路上，它必然地面临旧与新、古与今、传统与现代、断裂与传承的矛盾和抉择。这一点，郁达夫尤其敏感。他的许多游记作品都表达了这样的关注。

晚报会客厅：看过前些年你在编纂《郁达夫全集》时的感言，似乎是今人对郁达夫的研究和重视不够。但近年，郁达夫越来越热了，你们浙江都专门设立了郁达夫文学奖，你又是怎样看待眼下的郁达夫热的？

李：郁达夫越来越热？这个很难讲。郁达夫文学奖好像也没有产生预期的化学影响。总体来看，整个文学，尤其严肃文学都在式微，郁达夫逆流而热，不太合乎情理。但是，的确，今天的文学环境需要我们请出郁达夫式的现代文学知识分子来做镜子。

郁达夫是一代有文学情怀、更有政治情结的现代文学知识分子的代表。我们用这个词，正是因为他们在我们眼里，不仅仅是一名作家，更是一些有道义、有良知、有担当、有谋略的知识分子。同样是书写自我情感、书写小我情感、书写弱我情感，甚至是病态、扭曲的“性的苦闷”，郁达夫能把一己的感受、体验，与时代、与家国紧密联系在一起，体现我们所说的“爱国爱家”“忧世忧民”，体现一个知识分子的责任与使命。这是今天许多作家缺失、许多读者不屑的地方。如果郁达夫能热，我倒希望这样的热，能让郁达夫以他的写作和影响来表明，文学与政治，艺术与理想，个我与群我，羸弱与高尚，并不是水火不容的。

让人欣慰的是，这半年来，我在北京、安庆、重庆、天津和苏州相继开了六场讲座，都是有关郁达夫的，也都收到了不小的反响。说明今天的人们对有天赋和良知的作家，还是抱有深刻的记忆和同情的。

晚报会客厅：很喜欢郁达夫的一句对联“著书只为稻粱谋”。但在早些年，这样的诗句其实是有损郁达夫作为烈士的形象的，他的诗中格调好像比起他的同时代的同乡同胞“横眉冷对千夫指”来，不是太高，对吗？

李：“避席畏闻文字狱，著书只为稻粱谋”，清代诗人龚自珍的两句诗，被郁达夫书于自己的杭州寓所“风雨茅庐”内，许是多有同感吧。

对郁达夫的诗不敢有研究。郁达夫“诗第一”，而且所作基本上都是旧体诗，那是另一个文学领域。据我所知，郁达夫诗的形式和主题比较多样。但以诗言志，是历代诗人的共性，郁达夫也不例外。自他早年《咏史》三首开始，郁诗的一贯主题就是爱国、爱乡、爱自然、爱美人。至于诗的格调云云，这个特别需要结合创作情境。

对于郁达夫而言，“烈士”只是他一生信仰和行端的结果，并不是他孜孜以建构的“形象”。相反，他的自我标榜是“我不是一个战士，我只是一个作家”（“I'm not a fighter，but only a writer”）。郁达夫最让人爱重的人格就是真实、坦诚，“没有创造气”，用今天的话说，就是“不装”。所以，以诗观之，他的著书谋粱是真实的，他的重色毁家是真实的，自然，他的爱国爱乡也是真实的。对于文学作家和文学作品来讲，真实而能动人，是一种非凡的本领。生前，郁达夫是真实而透明的；身后，我们也不必替他遮掩，替他辩解。郁达夫是人不是神。其诗其文，是损是益，是低是高，清者自清。

应该庆幸自己做了“新苏州人”

晚报会客厅：在研究郁达夫中，你发现过于他同时代的苏州作家影子了吗？这个时期的苏州作家，除了苏雪林、程小青，好像没有大家，对吗？

李：这个真没有研究，苏雪林严格意义上也不是苏州作家，苏州既不是她的原籍，也不是她的出生地、成长地，当然，她在东吴大学任过教，而且，她的代表作之一《绿天》是在苏州完成的，算是当时的“新苏州人”吧。程小青真是不甚了解。的确，这个时期苏州作家似乎并不出众，至少一下子想不起来。但是吴语地区的文人，在晚清“新小说”阶段还是十分了得的，早在20世纪90年代，老杭大中文系青年学者彭晓丰就曾指出，刘鹗、李伯元、曾朴、包天笑、徐枕亚、周瘦鹃这些晚清作家，包括南社大部分诗人，都是江苏籍的，他们和广东文人一道，基本构成了现代文学璀璨的“前夜”。

晚报会客厅：眼下是文化大热，各地都在挖掘文化资源，文化名人都成了香饽饽，你是怎么看的？是好事还是坏事？

李：重视文化名人，发掘文化资源，对于我们这个文化几近断层的时代来讲，怎么说都是好事。因为文化名人的身上，集中体现了人性中一些可以沉淀、可以传承的东西。但现在的问题是，我们对名人资源的挖掘和利用，好像过于商业化了一点。名人遭遇的往往是绑架而不是传扬。早些年的口号赤裸裸就是“文化搭台，经济唱戏”，很多时候直接是“名人搭台，经济唱戏”。一旦金钱左右一切，难免屁股左右脑袋。于是许多奇怪的现象就出现了，比如争抢名人资源，像李白故里、梁祝故里，全国似乎各地都是；比如“千亿重造古城旧都”，说把整个城市推倒重来，不顾民生利益大拆大建。这个时候，显然好事就成了坏事。名人若是地下有知，或许也会急得跳脚。所以，任何时候，决策也好，规划也好，都要掌握一个度。我们的老祖宗最推崇中庸之道，其实这正是一种“度”的智慧。

晚报会客厅：感谢你大热天光临我们报与苏州图书馆联合主办的名家大讲堂，与我们的读者聊了这么多的郁达夫，非常感谢！

李：该说感谢的是我。感谢苏州图书馆和苏州晚报能关注一位有骨气有个性的现代作家；更感谢贵报能注意到我们这样一次小小的私人行动，它提升了我们这次行动的价值和影响。能力所能及地关怀脆弱的地球生态，是每一个公民、每一个地球人的责任和义务。也谢谢刘老师！接受这样的访谈，是我的荣幸。

（原载《姑苏晚报》2012年8月26日，记者刘放）

二　从作家郁达夫到战士郁达夫

——《富阳晚报》访谈

假日刊：在您看来，郁达夫的爱国主义思想是如何形成的？尤其是在他早期的作品中，似乎流露出“颓废”“病态”的风格，是否与他后来积极投身抗日救亡的形象有着比较强烈的反差？

李杭春（下文简称李）：郁达夫的抗日救亡思想，如果能用一句话来概括，在我看来，就是："我们这一代，应该为抗战而牺牲"。这不只是一句慷慨激昂的口号，而是实实在在的行动。自幼，郁达夫的成长经历让他敏于苦难，同情弱者。从嘉兴回杭的那个暑假，他读到了《庚子拳匪始末记》，书中讲到"联军入北京，圆明园的纵火等地方，使我满肚子激起了义愤"，这个时候，郁达夫年仅15岁；而他的创作，也是从"楚虽三户竟亡秦，万世雄图一夕湮"这样深长的历史咏叹开始的。

身为作家，表面"颓废""病态"的郁达夫一直都有"革命"情结。他发起自由大同盟，加入左联，与鲁迅创办《奔流》，同时跟"普罗作家"蒋光慈走得很近，还是中国第一个探讨"无产阶级文学"理论问题的作家。的确，郁达夫像是一个矛盾的存在。尤其30年代初，他同情无产阶级，自获右翼势力"警告"；力主自由写作，又遭左翼文坛驱逐。他坦言"我不是一个战士，我只是一个作家"。他最终离开上海，移家杭州，并声明既"不是想上西湖来寻梦"，更"不是想弯强弩来射潮"，似乎真把自己做成了"杭州的管钥""山水的东家"。事实上，这只是作家的一种表象，一种伪装，骨子里的关切和批判即便在游记散文里也体现足够充分，比如他《钓鱼台的春昼》《花坞》《杭州》等。

假日刊：是哪些主观、客观方面原因，让郁达夫后来放下了这些"作家的表象的伪装"，真正地成了为抗日救亡而奔走疾呼的文化战士？

李：应该是那场突如其来的风云际会让郁达夫摆脱了一度掩藏的自我，恢复了他"既是一位作家，更是一位战士"的本质。尽管同大多数国人一样，起初郁达夫也"估敌"不免乐观，推崇"多难兴邦"，但是抗战必胜的信念始终没有动摇。战争伊始，母亲和长兄先后被日本人夺命（1937年12月，郁达夫年逾七旬的母亲因不愿意做亡国奴，数九寒天饿死在富阳鹳山"松筠别墅"后的石缝里；1939年11月，郁达夫的长兄郁曼陀在上海遭日伪军特务暗杀），小家庭又风雨飘摇，国仇家恨让郁达夫走上了抗敌的最前沿，以自己的文字激励前线的战士，鼓舞后方的民众，并成为世界反法西斯战场上最值得纪念的一位文人。

假日刊：在这样的爱国主义思想指引下，抗日战争期间，战士郁达夫留下了哪些足迹、言论和抗日救亡的事迹，并且在抗日救亡中发挥了哪些作用？

李：抗战期间，郁达夫的足迹主要有三个阶段。

第一个阶段是福州—武汉期间。在福州，被“福州文化界救亡协会”推选为第二届理事长，撰写政论，发表演讲。福州期间，《全面抗战的线后》《倭寇的穷技》《敌机的来袭》都态度鲜明，立场坚决；武汉期间，就任国民军政治部第三厅设计委员，被推选为“中华全国文艺界抗敌协会”常务理事并《抗战文艺》编委。台儿庄劳军以外，郁达夫还曾促成美驻华武官史迪威进入前线，其报告为美国政府的大规模对华经济和军事援助提供了依据。这段时间所作的报告文学和政论杂文颇多眼见之实，更具沉雄的说服力和感染力。

第二个阶段是新加坡《星洲日报》时期。郁风《郁达夫海外文集》收集有作家200多篇作品，除少量游记、作家介绍、文艺评论和编刊启事外，这个时候发表的政论、杂文、小品，九成以上都是表达抗日救亡的心志的，对当时海外华人华侨影响很大。在星洲，郁达夫是“利用职务之便”，发表大量抗敌言论，在海外组织和鼓动华人华侨的抗战力量和激情，发动他们捐款捐物，竭力支持国内同胞的浴血抗战。

第三个阶段是流亡印尼期间。郁达夫一方面隐藏自己的特殊身份，包括经办小作坊，跟当地女子成家，等等，保护自身和周围同仁朋友的安全；另一方面与敌周旋，利用担任日军翻译的机会保护抗日民众，令日本宪兵恼羞成怒，最后杀人灭口。

整个抗战期间，作为文人，郁达夫以文字积极投身抗战，所作政论、杂文数量之多、影响之大，当难出其右者；作为战士，最终“为抗战而牺牲”，值得人们永远铭记。

假日刊：与同时期的其他文人对比，郁达夫其人在抗日救亡运动中展现了怎样的性格？

李：抗日救亡，也像是一场全民族席卷其间的站队运动，有血性的中国人都有共同的敌人和一致的目标；当然，也有部分文人走上了另外的路。主张“战难，和亦不易”的胡兰成是一个代表；驻留北平的周作人似乎也是。对周作人，郁达夫一直将之视为鲁迅一样的“真正的正人君子”，在《回忆鲁迅》中，他写道，“颇有些人，说周作人已作了汉奸，但我却始终仍是怀疑。所以，全国文艺作者协会致周作人的那一封公开信，最后的决定，也是由我改削过的；我总以为周作人先生，与那些甘心卖国的人，是不能作一样的看法的”。这是基于郁达夫对周作人外柔内韧、似圆实方的浙东人骨性的了解，当然最后，郁达夫也明确表示了对周作人失节附逆一事的遗憾。

对友朋，郁达夫有宽容；而对敌人，郁达夫始终是非分明。日本作家佐藤春夫曾与郁达夫交往密切，其“自叙传”写作受佐藤影响也颇多。但日本侵华战争以后，佐藤却成了一名极端的军国主义者，甚至以郭沫若、郁达夫两位老友为原型撰文反华。郁达夫当然不能沉默，随即以《日本的娼妇和文士》一文回击。这与郁达夫直率坦诚的文人性格一脉相承。

假日刊：在您看来，郁达夫的爱国思想在当时的华语文坛和华人界产生了怎样的影响？

当代的富阳人，又应当如何去继承和发扬他的这些精神遗产？

李：作为一位当时就具有世界影响的文人，郁达夫的爱国思想不仅对当时的华语文坛和华人世界产生了影响，也不仅对当代富阳人有价值。在我看来，郁达夫身上具有普遍意义的思想和精神，概括来说，大概是三点：一是家国情怀，二是使命意识，三是牺牲精神。一代人有一代人的情怀和使命，一代人也有一代人的思想和精神。但郁达夫身上所表现出来的家国情怀、使命意识和牺牲精神，则可以无关种族、不论魏晋，可以是任何时代、任何族类的人们的共同追求，因为积极向善、舍生取义、保家卫国之类，是立身之本，也是立国之本。

（原刊《富阳晚报》2015 年 8 月 29 日，记者陈凌）

后　记

说来惭愧，一直被谬为“郁达夫研究专家”，其实，除了十年前花大力气编了浙大版《郁达夫全集》和两部郁达夫研究资料，在这个领域的耕耘一直散漫零星，广采薄收，待渐渐明确了几个有意味和可成系列的研究方向，已被一所一路狂奔“世界一流”的大学逐离教学科研岗，从事“宏大”而琐碎的行政事务，耗费了此生学术生涯中最可宝贵的黄金时间，待转眼已是天命身。

感谢我的母系早年与中国社会科学出版社签下的出版合约，也感谢系领导、所同仁不曾放弃一名远离学术一线多年的行政人员，系主任胡可先教授亲自打来电话，嘱将郁达夫相关研究整理成册，以便了却早年的约定。所幸这些年为应付各地几场学术讲座，专门做过一些文字整理，杂凑拼接，虽不成体系，但还是不揣浅陋，呈奉在此。专候批评。诚惶诚恐。

感谢时中国现代文学馆馆长吴义勤先生，坚持邀请一名转岗教师到这座现代文学研究圣殿开讲座；感谢北京东城区图书馆、安庆图书馆、重庆图书馆、天津图书馆、苏州图书馆、浙江图书馆、浙江乐清图书馆、杭州风帆文学社、浙江大学校友会和上海市作协、巴金纪念馆、闵行区图书馆、浦东区图书馆等场馆社团的盛情邀请，本书一部分成果已通过上述宝地得见天日。同时，感谢为此多方联络、辛苦洽接的王挺学友。

感谢《理论与创作》《中国现代文学研究丛刊》《名作欣赏》《浙江大学学报》《杭州师范学院学报》《海南师范学院学报》《上海鲁迅研究》

《中华读书报》《中文学术前沿》《海宁名人》和新加坡《赤道风》、澳大利亚《澳洲新报》等报刊编辑们的厚爱，收容刊发拙作，而且无一收取版面费，悉心维护着学术和学者的尊严。感谢《姑苏晚报》《富阳晚报》记者刘放、陈凌的访谈，感谢他们将话题预备得意味充足。

感谢一直鼓励和督促我学业的恩师陈坚教授。陈师桃李满门，唯本人无能，不仅成果微薄无以答报恩师，个中经历，更是一言难尽，而陈师却从不对我另眼相看。所幸年内两部业余习作（《竺可桢国立浙江大学年谱》和《重走西迁路》）付梓，拙作也终于有了眉目，算是携旧作以重返现代文学研究正统，不知是否可以稍稍宽罪些个？

感谢50年前带我来到这个世界的父母双亲，祝二老身心愉快，健康长寿；感谢25年如一日陪伴我无怨无悔，包容我任性固执的夫君，愿我们此生风雨同舟，继续飘摇。

感谢中国社会科学出版社编辑郭晓鸿博士对拙作出版付出的细致严谨、令人尊敬的劳动。

二〇一七年十月十日

于杭州水木斋